PETITE BIBLIOTHÈQUE POPULAIRE

Paul BERT et A. CLAYTON

LES COLONIES FRANÇAISES

65 CENTIMES

Charles BAYLE, Éditeur
à Paris, 16, rue de l'Abbaye.

1889

Les COLONIES
FRANÇAISES

Ce qui est de moi dans ce petit ouvrage, je le dédie pieusement à la mémoire pure et glorieuse de PAUL BERT, mort pour la Patrie le 11 novembre 1886.

ANNA CLAYTON.

PRÉFACE

La mention « PAUL BERT et A. CLAYTON », en tête de ce petit livre, quoique conforme à l'exacte vérité des faits, appelle cependant quelques explications.

Dans les papiers laissés par M. Paul Bert, sa famille a trouvé en manuscrit de nombreux travaux de toute nature, à des états d'avancement fort différents. Elle n'a cru devoir en publier aucun, estimant que la publication posthume d'un ouvrage inachevé, auquel l'auteur n'a pas mis la dernière main, risque d'être une déception pour le public et une trahison à la mémoire du mort. Elle a toutefois fait exception pour celui-ci.

M. Paul Bert était le plus convaincu des partisans de la politique coloniale : son œuvre et sa mort en sont la preuve. Il voyait à la fois dans les Colonies, pour la Métropole, un puissant instrument d'influence, pour son industrie et son commerce un débouché certain, et pour des activités mal réglées et dangereuses, si elles ne peuvent s'épandre, une issue légitime. Avec de telles convictions, il rêvait d'écrire sur nos Colonies, en manière de propagande, à l'usage de la Jeunesse française, un livre très élémentaire, de simples notices historiques et économiques, capables ou d'exciter l'enthousiasme chez les enfants ou de développer l'esprit d'initiative.

Ce projet, Mlle A. Clayton, sa belle-sœur et son secrétaire, en fut la confidente. Ils le réaliseraient à eux deux. M. Paul Bert rassemblerait les documents et tracerait les grandes lignes ; Mlle Clayton lirait et rédigerait ; puis le frère, le maître, ferait le travail définitif d'émondage et de révision.

On se mit à l'œuvre : malheureusement le départ et la mort de M. Paul Bert l'interrompirent avant qu'elle fut achevée.

Le livre que publie aujourd'hui Mlle Clayton est donc bien le fruit d'une intime collaboration. On y retrouvera les idées de M. Paul Bert en matière coloniale, mais comme cette révision dernière, dont je parlais plus haut, n'a pu être faite, Mlle Clayton veut qu'on sache que les fautes sont d'elle seule. Cette modestie, aux yeux du public, sera une garantie de plus.

Joseph Chailley.

LES COLONIES
FRANÇAISES

Le CANADA

Je n'avais pas plus de quinze ans, lorsqu'un jour mon père me rapporta de Paris quelques volumes de Fenimore Cooper, le grand romancier américain. Il y a longtemps de cela, hélas ! Mais je me rappelle encore mon enthousiasme d'enfant pour cette vie des prairies que j'entrevoyais dans ses récits.

La vaste prairie avec ses troupeaux de buffles ou d'antilopes, les grands lacs, les bois sans fin, la montagne mystérieuse, tout cela me charmait. Et puis ces peuples sauvages, ces Peaux Rouges, si braves, si habiles, si fidèles dans l'amitié, comme ils captivaient mon imagination de quinze ans, et avec quelle passion je suivais leurs luttes avec les « Visages Pâles » !

Aujourd'hui, mes rêves d'enfant sont loin, je ne demande plus à manier le tomahawk, et à parcourir la prairie à la tête de quelque tribu sauvage, mais j'aime encore ce brave pays du Canada, que nos pères appelaient du doux nom de *Nouvelle France*. Ce Canada qui a su garder au fond du cœur le souvenir pieux et tendre de la chère Patrie française, qui a pleuré avec nous dans notre dernier deuil, et qui aujourd'hui, après la défaite, rappelle avec attendrissement et orgueil son origine française.

Car, il ne faut pas l'oublier, avant d'avoir été anglais, le Canada était français ; exploré par des marins français, il a été conquis par des soldats français, et colonisé par des sujets français.

Le Canada fut découvert en 1497 par le Vénitien *Cabot*. Plus tard, François 1er y envoya *Verrazanni*, et enfin en 1535, un brave et hardi marin français, *Jacques Cartier*, natif de Saint-Malo, découvrit le Golfe du St-Laurent, remonta le fleuve, et prit possession de tout le pays au nom du roi de France.

La Mère Patrie envoya des colons et des troupes et une compagnie française se forma pour exploiter la nouvelle Colonie.

A ce moment, ces contrées étaient peuplées par trois nations indiennes contre lesquelles il fallut soutenir une guerre longue et acharnée. Mais malgré cette lutte et de nombreuses difficultés la jeune Colonie prospéra.

Les Français s'établirent à Port-Royal, en Acadie ; Samuël Champlain fonda la ville de Québec, et d'autres cités s'élevèrent bientôt sur les rives du St-Laurent. On créa des comptoirs, on construisit des forts, on sema des villages dans les campagnes, la Nouvelle France avait sa petite flotte, des marins allaient faire la pêche à Terre-Neuve, et le commerce des fourrures devint très actif.

Ainsi, cette terre perdue au loin, inconnue jusqu'alors était bien vraiment une « Nouvelle France. » Les maisons bâties, les champs défrichés, les comptoirs fondés, tout était français, jusqu'aux cœurs qui battaient dans les poitrines, et qui se gonflaient parfois, quand à la fin du jour, on voyait les grands nuages s'envoler vers cette France qu'on avait laissée.

Mais de l'autre côté de l'Atlantique, l'Angleterre regardait, et quand de là-bas elle vit flotter le drapeau blanc, avec ses fleurs de lys d'or, elle eût peur. Notre colonie naissante l'inquiétait, elle prenait trop d'importance et la vieille Angleterre s'émût. « Il faut frapper, » dit-elle, et elle frappa traîtreusement d'une main rude.

Elle réclama notre riche et fertile Acadie, puis en pleine paix attaqua et brûla Port-Royal, qui en était la capitale. La guerre qui s'ensuivit fut malheureuse pour la France, mais grâce à la politique habile et énergique de notre grand Richelieu, nous conservâmes toutes nos possessions.

Après Richelieu, Colbert s'intéressa vivement à notre France d'outre-mer. Il y envoya pour exécuter ses projets un homme intelligent et actif, l'intendant *Talon*, qui sut si bien diriger les affaires, qu'au bout de très peu de temps, la France se rendit maîtresse de tout le pays de l'ouest.

Encouragé par lui, un jeune Français de Rouen, ardent et chevaleresque, *Cavelier de la Salle*, entreprit l'exploration du Mississipi, et le 9 avril 1682, arrivait à son embouchure ;

revenant alors sur ses pas, il prit possession de cette belle vallée qu'il venait de découvrir, et à laquelle il donna le nom de Louisiane.

Mais là-bas dans son île l'Angleterre guettait toujours. Elle n'osait pas à ce moment nous attaquer directement, mais en attendant elle souleva contre nous les Iroquois, à qui elle envoya de la poudre et des armes. Et ces enfants de la prairie, avec leur sens subtil et leurs ruses diaboliques, qui se riaient de la douleur et de la mort, étaient de terribles adversaires. Il fallut près d'un siècle de guerre atroce pour subjuguer ces farouches guerriers remplis d'une haine mortelle contre l'étranger.

Enfin, en 1701, une quarantaine de tribus sauvages envoyèrent leurs chefs à Montréal, fumer le calumet de paix. On enterra le tomahawk, et tous jurèrent à la France une amitié « qui devait durer aussi longtemps que les fleuves poursuivraient leurs cours, et que les astres garderaient leurs clartés. » Par un serment solennel, ils s'engagèrent à rester neutres en cas de guerre entre l'Angleterre et la France. Désormais ces peuples étranges et passionnés, au cœur mobile, seront à nous tout entiers, non comme des vaincus, mais comme des frères, des enfants du Grand Onnonthio Français.

Le Canada soulagé, respira. On laissa tomber l'épée pour prendre la pioche ou la charrue, et l'agriculture fit de grands et rapides progrès. Le commerce prit une extension considérable, la population augmenta, on fonda des forts pour s'assurer la possession du pays, on se lança de nouveau dans des voyages de découvertes, et pendant un demi-siècle, la Colonie jouit d'une grande et réelle prospérité.

Hélas ! elle ne devait pas durer. L'Angleterre était toujours là ; depuis cent ans elle attendait, et maintenant le moment était venu. La France gouvernée par Mme de Pompadour et Mme Dubarry était trop occupée par les intrigues de cour pour songer à ses Colonies. Quant à son roi, l'incapable et indigne Louis XV, il vidait les querelles de ses voisins sur le continent, envoyant ses armées avec les Soubise et les Clermont, se faire battre à Rosbach et ailleurs par le roi de Prusse.

Le moment était en vérité bien choisi, et l'Angleterre entend le mettre à profit. Tout d'un coup, sans même prendre le temps de jeter son cri de guerre et de nous avertir, « selon la coutume des nations civilisées, » elle donne ordre aux siens de courir sus à tout navire français et s'empare de nos vaisseaux sur toutes les mers. Navires de commerce ou de guerre, bateaux pêcheurs, baleinières, n'importe, tout lui est bon à prendre. Au bout d'un mois, 300 bâtiments français, qui naviguaient sur la foi des traités sont à l'ancre, pavillon bas, dans les ports de la Grande Bretagne.

Longtemps déjà avant cette étrange déclaration de guerre, les planteurs anglais et les colons français de l'Amérique du Nord s'entretuaient sur les bords de l'Ohio, sans pour cela que la paix officielle fut rompue entre les deux Mères Patries. Pendant que le sang français coulait au Canada, l'ambassadeur anglais était reçu et choyé à toutes les fêtes de Versailles ; c'est que le gouvernement faible et corrompu de Louis XV sentait sa faiblesse et tremblait devant sa redoutable voisine. Ces beaux ministres courtisans s'aplatissaient honteusement devant elle, acceptant tous les affronts, se cramponnant lâchement à une ombre de paix, jusqu'à cet acte de brigandage qui fit bondir l'Europe. Pendant un instant, Louis XV lui-même sentit l'insulte, et songea au pauvre Canada, qui combattait pour le roi de France et réclamait instamment des renforts. Le Commissaire des guerres écrivait que la Colonie « courait les plus grands risques, » et que sa situation exigeait « de prompts et puissants secours. »

Il faut dire qu'à ce moment les possessions anglaises étaient vingt fois plus peuplées que le Canada, de plus elles étaient sur le bord de la mer et par conséquent en communication directe avec la Mère Patrie, tandis que les Français n'avaient d'autre passage que le Saint-Laurent.

Ainsi, avec une audace superbe, notre Canada allait se mesurer avec un ennemi mieux placé et vingt fois plus nombreux. Dans de telles conditions, la défaite elle-même est une gloire.

On débuta cependant par une victoire, et une brillante. Le 3 juillet 1755 M. de Beaujeu, à la tête de 220 Français et quelques bandes de sauvages, mit en déroute un corps de l'armée anglaise composé de 2,200 hommes. L'ennemi laissa sur ce champ de bataille de la *Mononga-héla* — ou *Malengueulée* comme le veut notre vieille langue gauloise — 130 hommes, 500 chevaux et 13 pièces de campagne.

L'année suivante Louis XV, avec une bonté toute royale, finit par envoyer 2,500 hommes environ, sous la conduite du marquis de Montcalm qui devait prendre le commandement de toute l'armée coloniale. Pauvre petite armée ! qui se composait de 5,000 hommes de troupes régulières. L'armée anglaise comptait déjà 40,000 hommes ; plus tard elle sera de 60,000.

A peine débarqué, Montcalm fait l'inventaire de ses maigres ressources, arrête son plan d'opérations et débute par un coup de maître.

Les Anglais, sans aucun droit, avaient bâti sur les bords du lac Ontario un fort nommé Chouegen, qui coupait en deux notre Colonie, et arrêtait toutes nos communications. Montcalm décide de l'enlever coûte que coûte ; il mène cette première entreprise avec une hardiesse, une promptitude et une habileté qui triomphent de tout. Avec sa brave petite troupe il force les Anglais à capituler, malgré leur grande supériorité numérique, exige que la garnison se rende prisonnière et que le fort avec tout son matériel soit livré à la France.

Malgré cette éclatante et merveilleuse victoire, remportée le 15 août 1756, le jeune général se croit obligé d'écrire au ministre pour s'excuser de sa hardiesse. « Les dispositions que j'avais arrêtées, dit-il, sont si fort contre les règles ordinaires, que l'audace qui a été mise dans cette entreprise doit passer pour de la témérité en Europe ; aussi je vous supplie, monseigneur, pour toute grâce, d'assurer S. M. que si jamais elle veut, comme je l'espère, m'envoyer dans ses armées, je me conduirai sur des principes différents. »

Malheureusement, Montcalm ne put profiter de sa victoire faute d'hommes, car chaque soldat chez lui est en même temps un laboureur. Il faut retourner aux champs, récolter le blé, faire le pain.

Pour réussir, il lui faut des soldats et la France ne lui en donne pas. Eh bien! il ira les demander aux Peaux-Rouges. Ils ont juré la neutralité, mais ce n'est plus assez; il veut maintenant leur concours. Et il s'en va dans les forêts vivre de leur vie, passant des journées entières dans leurs wigwams, fumant gravement la pipe avec leurs grands chefs, parlant leur langue, cette langue huronne, riche et belle comme une poésie d'Orient. Il guérit les malades, charme les serpents, séduisant et captivant les cœurs naïfs et passionnés qui finissent par vouer au « pâle visage, » au « grand sachem français » un amour enthousiaste et un dévouement que la mauvaise fortune n'effraiera pas, car ils lui resteront fidèles dans la défaite.

Quand il sent qu'il les tient dans sa main, ces mobiles enfants de la prairie, qu'ils sont à lui tout entiers, il reprend son épée et se remet en campagne. Encore un fort à enlever aux Anglais, presqu'aussi important que celui de Chouegen. C'est le fort William-Henry, situé à la tête du lac St-Sacrement, comme la clef de la route de Québec, et d'où les Anglais pouvaient tomber à l'improviste sur notre fort de Carillon, principale défense de ce côté.

Montcalm, avec sa sûreté de coup d'œil, son activité étonnante, mena cette attaque comme la première et avec le même succès. Le 3 août 1757, ses soldats étaient devant le camp de William-Henry, et le 9, les Anglais capitulaient, nous laissant 43 canons, 36,000 livres de poudre et des vivres.

C'est le lendemain de cette capitulation que doit se passer ce drame sanglant et terrible qu'on appelle aujourd'hui le massacre de William-Henry, avec lequel on a essayé de ternir la mémoire du loyal et généreux Montcalm, bien qu'il eût exposé sa propre vie pour l'empêcher, car voici comment les documents du temps nous racontent cette déplorable histoire.

La capitulation avait naturellement mis la garnison du fort entre les mains de Montcalm, mais comme celui-ci n'avait pas de quoi nourrir 3,011 prisonniers, il consentit à les laisser partir avec armes et bagages, à condition que pendant 18 mois ils ne serviraient pas contre la France.

Ils devaient donc partir le lendemain, avec une escorte destinée à les protéger contre une attaque possible des Peaux Rouges, dont Montcalm se méfiait malgré les serments des chefs, qui lui avaient juré « qu'ils tiendraient leur jeunesse dans le devoir, » et qu'il n'y aurait point de pillage.

Aussitôt maître du fort, Montcalm avait ordonné qu'on défonçât tous les tonneaux de rhum et d'eau-de-vie avant l'arrivée des Indiens, mais au lieu d'exécuter cet ordre formel, les Anglais en avaient distribué aux sauvages pendant la nuit, dans l'espoir de s'en faire des amis. Etrange calcul qui leur a coûté cher.

Ivres et furieux, les sauvages ne connaissent plus rien, tout ce qu'il y a de brutal et de féroce dans ces natures se réveille tout d'un coup. Epouvantés, les Anglais prennent la fuite de grand matin, sans même prendre le temps de prévenir le détachement français qui devait les accompagner.

A peine en route, les Indiens se jettent sur leurs bagages d'abord, puis, comme les Anglais, au lieu de se servir de leurs armes se dispersent en désordre, les sauvages s'en prennent aux fuyards, et poussant leurs hurlements de guerre sautent dessus, le tomahawk au poing. Alors se passe un drame horrible. Les Indiens devenus de véritables bêtes fauves bondissent sur leurs victimes, arrachant leurs vêtements, scalpant, égorgeant avec rage.

Aux premières clameurs, Montcalm accourt avec ses officiers et ils se jettent au-devant des Peaux Rouges, mais « qui dans le monde, demande Bougainville, pourrait contenir deux mille sauvages de trente-deux nations différentes quand ils ont bu. » Ivres de vin et de sang ils ne respectent plus rien, un grenadier est tué aux côtés de Montcalm et plusieurs sont blessés. On finit cependant par les apaiser, Montcalm rachète les 600 prisonniers qu'ils ont faits. Comme beaucoup d'entre eux sont tout nus, les soldats français partagent avec eux leurs vêtements et puis une escorte française les ramène en sûreté jusqu'aux avant-postes de l'armée anglaise. « Je m'estime heureux, » disait Montcalm en écrivant au gouverneur anglais, « que le désordre n'ait pas eu de suites aussi fâcheuses que j'étais en droit de le craindre. Je me sais gré de m'être exposé personnellement, ainsi que mes officiers, pour la défense des vôtres, qui rendent justice à tout ce que j'ai fait dans cette occasion. »

Mais le Gouvernement Britannique en tous les cas ne lui sut pas gré de s'être exposé de la sorte, car là-bas à Londres on l'accusa d'avoir été complice des Indiens. On y racontait effrontément comment les troupes de Montcalm étaient restées dans l'inaction, ainsi que leur général, spectatrices du massacre. Le roi d'Angleterre déclara nulle la capitulation du fort William-Henry, et refusa de l'exécuter.

Mais oublions cela, puisqu'aujourd'hui les Anglais eux-mêmes rendent justice à leur si loyal et généreux ennemi. L'histoire a glorieusement vengé sa mémoire.

Montcalm aurait voulu profiter de sa victoire pour pousser plus loin, et prendre encore le fort Edouard, ce qui nous aurait rendus maîtres de toute cette frontière, mais comme à Chouegen il est obligé de renvoyer ses soldats faire la moisson, et tâcher de sauver ce qui reste encore des récoltes, en grande partie détruites par de longues pluies.

Et maintenant l'hiver arrive, ce terrible hiver de 58, où la famine hideuse et décharnée se montre à l'horizon comme un point noir, mais le point grandit et le fantôme approche avec son cortège sinistre. Les vivres deviennent de plus en plus rares, le peuple n'a qu'un quart de livre de pain par jour, la misère devient atroce. Au mois de février, le Commissaire des guerres écrivait : « Le peuple va périr de misère. Les Acadiens réfugiés ne mangent depuis quatre mois que du cheval ou de la merluche sans pain. Il en est déjà mort plus de trois cents..... »

Au mois d'avril on ne donne plus au peuple que 2 onces de pain par jour, et au mois de mai il n'y avait presque plus de pain ni de viande.

Et pendant ce temps, l'intendant de la Colonie, l'infâme et odieux Bigot se frottait les mains. Quelle bonne fortune pour lui que cette famine! On souffre, on meurt, eh bien? il va spéculer sur la faim du soldat et gagner de l'argent avec le blé qu'il tient en réserve, comme il a déjà spéculé sur les armes et sur l'équipement, donnant aux soldats « des fusils de l'ancienne façon dont les baguettes cassent comme du verre. »

Car Bigot et ses créatures spéculaient, volaient sur tout. Du haut en bas de l'Administration, c'est le pillage le plus honteux. On ne reproche pas au fonctionnaire de voler, on lui reproche seulement de voler trop pour sa place.

« Quel pays! dit Montcalm en écrivant à sa mère, tous les marauds y font fortune et tous les honnêtes gens s'y ruinent. »

Et avec cet argent pris sur le pain des affamés que fait-on? On donne des fêtes, on danse chez l'intendant. « Malgré la misère publique, des bals et un jeu effroyable, » dit encore Montcalm, et une dépêche au ministre ajoute que « nonobstant l'ordonnance des Jeux de hasard dans les Colonies, on a joué chez l'intendant jusqu'au mercredi des Cendres un jeu à faire trembler les plus intrépides joueurs. M. Bigot y a perdu 200,000 livres. »

C'est bien la corruption et les vices de la cour de Louis XV, que cet homme funeste avait transportés dans notre Nouvelle France.

Montcalm indigné réclamait ; mais à quoi bon se plaindre ; là-bas auprès du ministre, Bigot a ses amis ; il a comme complice « l'œil même du ministre. » Et, à Versailles, Montcalm est dénoncé, on l'accuse de ne pas savoir profiter de ses avantages, puis *on égare* certains rapports, comme celui de la prise de William-Henry. Les dépêches sont interceptées, et les réclamations et avertissements entassés dans les cartons de la Marine, sans que personne s'en soucie autrement.

Et Montcalm, avec son honnêteté, son patriotisme ardent et son génie, dépendait de ces gens-là ! Il fallut que ce grand homme s'inclinât devant Bigot et sa bande, car la solde de son armée, les vivres, le matériel de guerre, tout passait par leurs mains, et, quand il faisait à l'encontre de leurs idées, on menaçait de lui couper ses vivres.

Pauvre grand homme ! quelle amertume devait parfois lui ronger le cœur, de se sentir ainsi impuissant, trahi et balloté par les siens, de voir ses projets repoussés, entravés par ceux-là même qui auraient dû le soutenir.

« Expatriés, manquant de tout, ne pensant qu'à cette sorte de gloire qu'on acquiert en se raidissant contre les difficultés de tout genre, haïs, enviés, ayant tout à souffrir du climat, du pays, et des habitants, nous n'apprenons ici qu'à être patients. » Voilà ce qu'écrivait à ce moment Bougainville, un des officiers de Montcalm.

Et pourtant, pendant quatre années encore, Montcalm, avec sa petite armée, tiendra glorieusement tête à la puissante Angleterre. Au milieu de ses troupes, au moins, il est aimé et obéi. Le soldat éprouve un amour presque filial et une admiration qui touche au fanatisme pour ce général qui partage avec lui toutes les privations de la campagne, couchant sur la terre nue, mangeant la ration comme le simple soldat, s'exposant à tous les dangers et à toutes les fatigues sans jamais se plaindre. Voilà peut-être le secret de cette étonnante et admirable campagne.

Pendant que Louis XV oublie le Canada pour s'occuper de Marie-Thérèse, l'Angleterre se prépare. Pitt envoie aux siens renforts sur renforts, et quand au printemps le général Abercromby vient prendre le commandement de l'armée anglaise, elle compte 22,000 soldats et 20,000 miliciens, sans parler d'un corps de réserve de 30,000 miliciens qu'on fait organiser.

L'armée de Montcalm se composait alors de 5,800 soldats. Il avait reçu pour tout renfort quelques bâtiments chargés de farine et de vivres.

L'Angleterre se proposait d'envahir le Canada par trois points. *Louisbourg* dans l'île Royale, le

Fort Carillon à l'extrémité nord du lac St-Sacrement, et le *Fort Duquesne* sur les bords de l'Ohio devaient être attaqués.

Cette seconde campagne débuta en 1758 par le siège de Louisbourg dont les fortifications étaient partout en fort mauvais état et complètement écroulées même par endroits. Le commandant Drucourt fit preuve d'une grande bravoure, ainsi que sa femme, qui tous les jours allait aux batteries les plus exposées mettre le feu à trois pièces de canon. Les troupes aussi se conduisirent honorablement, mais au bout de deux mois, écrasées par le nombre, la place fut obligée de se rendre, laissant ainsi le Canada sans défense du côté de la mer, interceptant nos communications avec la France et ouvrant le chemin de Québec aux Anglais par le Saint-Laurent.

Mais le grand coup des Anglais devait se porter sur le Fort Carillon ; c'est là le point important qu'il s'agit d'enlever à tout prix ; aussi c'est Abercromby lui-même, à la tête de 20,000 hommes, qui dirigera l'attaque.

Montcalm avec ses 3,000 braves l'attend de pied ferme. Le fort était situé sur une hauteur complètement entourée de bois, excepté du côté du lac ; ils profitèrent de cette abondance d'arbres pour faire élever des retranchements très solides, avec des troncs couchés les uns sur les autres. Plus en avant encore, les arbres avaient été abattus et leurs branches aiguisées servaient de chevaux de frise.

Officiers et soldats, la hâche à la main, travaillaient avec un entrain et une gaieté de bon augure. Notre petit camp semblait en fête.

Il fallait cependant gagner du temps, car on espérait des renforts; mais comment arrêter l'ennemi, déjà à l'autre extrémité du lac ? Montcalm n'hésite pas; avec une audace inconcevable, il marche en avant et prend position, comme s'il voulait lui-même donner l'attaque.

Abercromby avec ses 900 bateaux, ses grandes chaloupes et ses 20,000 hommes, regarde sans comprendre, il hésite, n'osant affronter ces forces redoutables, derrière lesquelles il doit y avoir trahison ou surprise, et pendant quatre jours, irrésolu, immobile, il réfléchit.

Le cinquième jour cependant, qui était le 8 juillet 1758, il se décide, mais déjà Levis est au fort avec 400 soldats d'élite. Le renfort n'est pas considérable, après tout Montcalm n'aura que 3,500 combattants pour opposer aux 20,000 d'Abercromby, mais n'importe, la petite armée est pleine de confiance ; on se battra bien.

Au matin, les troupes anglaises s'ébranlent, on voit les grosses colonnes serrées se dérouler dans la plaine, puis toute cette masse avance vivement en bon ordre. Au fort, pas un coup de fusil, pas un mouvement, tout paraît abandonné et les troupes avancent toujours, à midi, elles sont au pied du côteau, mais rien ne bouge ; elles approchent encore, les voilà maintenant à 40 pas des retranchements. Toujours rien. Mais alors, tout d'un coup, une décharge effroyable les arrête comme un coup de foudre ; 3,000 fusils sont partis à la fois. La colonne plie, recule, puis se reforme et revient à la charge ; cette fois elle ne veut pas lâcher pied ; elle lutte avec un acharnement et une intrépidité admirables ; elle fait une charge à la baïonnette et à la française pour entamer les nôtres. Une troisième fois les Anglais reviennent à la charge, puis une quatrième, une cinquième et jusqu'à une sixième fois. Pendant 7 heures ils s'acharnent à enlever le retranchement ; mais les nôtres tiennent bon, Montcalm est là prêchant d'exemple et de parole, faisant accomplir des choses incroyables par le moindre soldat. Enfin, au soir, Abercromby bat en retraite, laissant le terrain jonché de cadavres ; il avait perdu plus de 5,000 hommes et nous 377.

On s'attendait à une nouvelle attaque le lendemain, mais au matin la grande armée avait disparu. La retraite « plus que précipitée » s'était changée en déroute, en panique, et Montcalm resta vainqueur : c'était une année de gagnée pour la France.

Quelle joie ! quel enivrement pour les nôtres ! Le soir même de la victoire, et encore sur le champ de bataille, Montcalm écrivait à son ami Doreil : « L'armée, et trop petite armée du roi, vient de battre ses ennemis ; quelle journée pour la France ! Si j'avais eu deux cents sauvages pour servir de tête à un détachement de mille hommes d'élite, dont j'aurais confié le commandement au chevalier de Levis, il n'en serait pas échappé beaucoup dans leur fuite. Ah ! quelles troupes, mon cher Doreil, que les nôtres ! Je n'en ai jamais vu de pareilles. »

La France pouvait être fière de son enfant, de ce rude et modeste soldat, qui le lendemain encore en faisant son rapport au Gouverneur lui disait : « Je n'ai eu que la gloire de me trouver le général de troupes aussi valeureuses. Le succès de l'affaire est dû à la valeur incroyable de l'officier et du soldat. »

Comme récompense, le vainqueur demande son rappel en France, car sa santé commence à s'user. De plus, il est écœuré par les intrigues et les jalousies qui l'entourent, par les désordres et les abus auxquels il ne peut remédier.

Sur le troisième point cependant, au fort Duquesne, il n'y avait pas eu de Montcalm pour diriger ; aussi les nôtres furent-ils complètement battus et leur fort détruit.

D'autre part — et ceci était plus grave — Abercromby avait envoyé le colonel Bradstreet, avec 3,000 hommes, attaquer notre fort de Frontenac, défendu par 70 hommes seulement. Et c'était là notre petit arsenal de marine, négligé et dégarni de la sorte par la faute du gouverneur !

L'ennemi s'empara du fort, à peine gardé, prit beaucoup de vivres, beaucoup de marchandises, 80 canons grands et petits, et détruisit la marine.

C'était un coup terrible. Au reçu de ces nouvelles cependant, Montcalm, loin de faiblir, retrouve des forces ; son courage grandit avec le danger ; il oublie ses écœurements, ses déceptions et sa santé chancelante, il oublie tout, pour ne songer qu'à l'honneur de cette France qu'il aime. « J'avais demandé mon rappel après la glorieuse journée du 8 juillet, écrit-il au ministre; mais puisque les affaires de la Colonie vont mal, c'est à moi à tâcher de les réparer ou d'en retarder la perte le plus qu'il sera possible. »

Et il se met à la besogne avec une volonté et un désintéressement admirables. « Je pense, dit-il au ministre de la guerre, qu'il faudra nous défendre pied à pied et nous battre jusqu'à extinction; il sera, s'il le faut, plus avantageux pour le service du Roi que nous périssions les armes à la main que de souffrir une capitulation aussi honteuse que celle de l'île Royale. »

Du reste, chez tous, simples soldats comme officiers, on trouve cette même bravoure, ce même désintéressement patriotique et ce même souci de l'honneur national.

« Les Anglais se disposent à nous attaquer incessamment et de plusieurs côtés, dit Bougainville, on connaît l'énormité de leurs forces et cette connaissance ne fait qu'augmenter le zèle des troupes. »

Mais l'hiver est encore à la porte, ramenant sa terrible compagne, la famine, qui se fit sentir encore d'une façon atroce. Les colons, toujours sous les armes, n'avaient pu cultiver la terre, et nos communications avec la France étaient fort difficiles. La situation devenait effrayante.

Montcalm envoie dépêche sur dépêche, il insiste, il supplie ; chaque bâtiment qui part emporte des lettres. Il faut enfin que la France se remue, elle a donc oublié ses enfants, elle les laissera mourir de faim et verser jusqu'à la dernière goutte de leur sang, sans leur tendre la main? Mais non, ce n'est pas possible, les lettres se perdent; peut-être n'arrivent-elles pas jusqu'au ministre. Et on attend, on espère toujours. Un jour enfin, un navire venant de France apporte pour Montcalm des papiers du ministère. C'est une réponse, à la fin, on donne signe de vie, nous sommes sauvés, et fiévreusement il ouvre ces précieux documents.

C'est le ministre qui lui annonce « qu'il ne doit pas compter recevoir des troupes de renfort. » Montcalm n'y croit pas encore. On n'a pas compris : ses lettres n'ont pas été assez pressantes, assez éloquentes. Eh bien! il enverra « une lettre vivante, » qui plaidera sa cause, quelqu'un qui racontera leur détresse, qui insistera, qui suppliera, qui entraînera par sa chaleur et sa vérité. Cette lettre vivante sera Bougainville, qui part au printemps sur le premier bâtiment qui fait voile pour la France.

Aussitôt arrivé à Versailles il va exposer la situation à Berrier, ministre de la marine, qui lui dit : « Monsieur, quand le feu est à la maison on ne s'occupe pas des écuries. » « On ne dira pas du moins que vous parlez en cheval » répliqua l'envoyé de Montcalm, qui finit cependant par arracher au gouvernement la promesse d'envoyer quelques secours. On envoya, en effet, 326 recrues, des munitions et des vivres pour 80 jours.

C'était dérisoire et coupable, car pendant ce temps l'Angleterre travaillait sans relâche. Son armée coloniale comptait 60,000 hommes pourvus de tout, tandis que notre pauvre petite armée n'avait ni munitions, ni vivres, ni chaussures. Elle n'avait que son courage et son chef.

Comme la première fois les Anglais devaient attaquer la Colonie par trois points. Un corps sous les ordres du général Wolf devait se diriger sur Québec, un autre sur Montréal et un troisième occuper la région des lacs de façon à couper nos communications avec la Louisiane.

Montcalm de son côté remue ciel et terre, électrisant par son ardeur patriotique jusqu'au Gouverneur lui-même qui « fit une levée en masse de toute la population mâle de seize à soixante ans. On adresse des prières publiques à Dieu pour lui demander la victoire, et l'enthousiasme de nos Canadiens fut tel pour repousser la conquête étrangère que des enfants de douze ans et des vieillards de 80 ans vinrent en grand nombre grossir les rangs des compagnies de la milice ; il ne resta plus aux champs que des femmes et des enfants. »

Montcalm disposa ses forces de la façon suivante :

Il envoya 1,500 hommes dans l'ouest de la Colonie pour défendre le fort Niagara et le lac Ontario, qui commandait en amont le cours du Saint-Laurent.

Au centre, il envoya 2,600 hommes sous les ordres de M. de Bourlamaque, pour conserver le lac Champlain et empêcher ainsi l'ennemi de couper en deux notre Colonie.

A l'ouest, Montcalm lui-même avec de Levis et Bougainville commandait les forces principales, qui devaient défendre Québec. Car c'était là le point de mire de l'ennemi, la clef de la Colonie et c'est là qu'aura lieu le grand choc qui décidera de l'avenir du Canada.

Malheureusement, malgré les remontrances de Montcalm rien n'avait été fait pour mettre cette ville si importante à l'abri d'une attaque. Impossible d'y soutenir un siège.

A droite, il est vrai, le Saint-Laurent avec ses roches escarpées et ses falaises à pic, lui faisait un rempart formidable, mais à gauche elle était à découvert. En toute hâte, Montcalm y fit construire sur une longueur de deux lieues des retranchements qui allaient aboutir dans un ravin profond. Ce camp retranché qu'on appela Beauport et qui était situé de l'autre côté de la rivière St-Charles se reliait à Québec par un pont de bateaux.

Il s'agissait donc pour cette année d'empêcher l'ennemi de forcer cette ligne de défense.

Le 25 juin 1759, la flotte anglaise apparaissait en vue de Québec. Le général Wolf, homme de grand talent, choisi par Pitt lui-même, avait sous ses ordres 40 bâtiments montés de 30,000 hommes. La flotte avait été guidée par un capitaine français, le traître Denis de Vitré.

Wolf commença par envoyer aux Français un message arrogant et brutal où il les sommait de se rendre. « Le roi son maître, dit-il, justement irrité contre la France, résolu d'en abattre la fierté et de venger les injures faites aux colonies anglaises, s'est enfin déterminé à envoyer en Canada un armement formidable... il a pour but de priver la couronne de France des établissements considérables dont elle jouit dans le nord de l'Amérique. »

Cette sommation n'amenant aucun résultat, il leur annonce qu'il les soumettra aux lois les plus dures de la guerre et que ses troupes ont l'ordre de ne respecter ni les biens, ni les personnes.

Ceci dit, les opérations commencent.

Le premier soin du général anglais est de faire sortir Montcalm de ses retranchements ; il l'essaie par tous les moyens, mais en vain. A bout d'expédients, il débarque sur l'autre bord du fleuve, installe des batteries et bombarde la ville, qui bientôt n'est plus qu'un monceau de ruines ; 1,400 maisons furent brûlées et les alentours dévastés, mais Montcalm ne bougeait pas.

Wolf décide alors d'attaquer directement le camp de Beaufort; il lance ses troupes et toute son artillerie contre les Français. Montcalm avait 40 pièces de canon à opposer aux 118 des Anglais, mais les nôtres ne reculent pas pour si peu ; les chasseurs canadiens tuent les artilleurs anglais à coups de carabine, et pendant 7 heures la lutte dure, acharnée, furieuse des deux côtés. Anglais comme Français font des prodiges de valeur, mais partout l'ennemi est repoussé. A la fin du jour il n'a pas gagné un millimètre de terrain.

Furieux de son échec, la rage au cœur, Wolf se retire dans son camp, où il apprend que le général Amherst, qui devait venir le rejoindre avec 12,000 hommes, a été arrêté et battu au centre par les 2,600 Français de Bourlamaque.

Par trois fois, il essaie de débarquer au-dessus

de la ville, mais toujours et partout il trouve devant lui Montcalm et ses tirailleurs. Il ne veut cependant pas abandonner son entreprise; il faut réussir. Une fièvre de désespoir le soutient et le pousse.

Pendant plus d'un mois, avec une patience et une ténacité admirables, il passe et repasse, monte et descend, cherchant un endroit propre à débarquer, sondant, faisant reconnaître chaque coin et recoin du rivage, jusqu'à ce qu'enfin son but soit atteint.

Aussitôt son endroit trouvé, il remonte bien au-delà de Québec, afin de cacher le but de ses mouvements, puis tout d'un coup dans la nuit du 12 septembre, il redescend comme la foudre. « Qui vive » demandent nos sentinelles. « France, bateaux de vivres » répond-on. En effet, cette nuit on attendait des vivres ; ordre avait été donné de les laisser passer, et dans la nuit noire, les Anglais continuèrent leur chemin.

Arrivés au lieu convenu, on débarqua et silencieusement, en toute hâte, on gravit les falaises. Au sommet, il y avait bien un poste, mais si peu gardé que l'officier qui le commandait, ami intime de Bigot, fut pris au lit et les Anglais passèrent plus loin. Le grand plateau était maintenant ouvert devant eux, ils n'avaient qu'à marcher.

Au petit jour, ils étaient dans les plaines d'Abraham, aux portes même de Québec.

Montcalm n'eut connaissance de leur arrivée que fort tard. Ses Canadiens étaient retournés aux champs faire la moisson; Bougainville était parti d'un côté et Levis de l'autre ; il ne restait que 4,500 hommes pour faire face aux Anglais.

Aussitôt averti de leur approche, Montcalm monte à cheval et donne ses ordres, puis rassemblant ses troupes en toute hâte, il marche à l'encontre de l'ennemi sans perdre un instant.

Le choc est d'une violence extrême ; entraînés par leurs généraux, les soldats se battent avec fureur des deux côtés. Mais cette journée doit se terminer d'une façon désastreuse pour nous. Montcalm est blessé à mort et les nôtres mis en déroute.

La dernière pensée du soldat mourant était pour cette France qu'il aimait, malgré l'abandon où elle l'avait laissé. Lorsqu'à son lit de mort le Gouverneur de Québec vint demander ses derniers ordres, « Je n'en ai plus à donner, dit-il, j'ai trop à faire à ce grand moment et mes heures sont très courtes. Je vous recommande seulement de ménager l'honneur de la France. »

Il expira le lendemain, et, à la nuit tombante, ses soldats l'ensevelirent dans un trou de bombe.

Son digne rival, le général Wolf, avait succombé sur le champ de bataille.

Un conseil de guerre fut aussitôt rassemblé, où l'on décida lâchement que l'Armée et le Gouverneur abandonneraient Québec. On y laissa seulement une garnison de 1,760 hommes sans vivres, ni munitions, avec ordre de l'indigne et incapable Gouverneur de « ne pas attendre que l'ennemi l'emportât d'assaut. » En effet, le 18 septembre 1759, on capitula sans avoir livré combat. Voilà comment on ménageait l'honneur de la France !

En Europe comme en Amérique, on considéra cette prise de Québec comme la fin de la guerre. Le Canada attaqué de tous les côtés, épuisé par la famine, manquant de munitions, manquant de tout, n'avait même plus le droit d'espérer. « Personne n'imaginait qu'une poignée de Français qui manquaient de tout, à qui la fortune même semblait interdire jusqu'à l'espérance, osassent songer à retarder une destinée inévitable. »

Et cependant, même à cette heure de péril suprême, nous trouvons un homme qui demande à continuer la lutte, un homme qui a tenu haut et ferme le drapeau de la France et dont il faudrait inscrire le nom en lettres d'or parmi ceux de nos patriotes. Cet homme était le chevalier de Levis, le vaillant et digne successeur de Montcalm.

Il se trouvait aux rapides du Saint-Laurent, lorsqu'il reçut la nouvelle de la mort de Montcalm. Immédiatement, le soir même, il se met en marche et se dirige rapidement sur Québec pour faire lever le siège. Il y arriva le 19 ; la ville était anglaise depuis la veille.

Eh bien ! nous la reprendrons, dit-il. Mais en attendant il fallut se replier sur Montréal et rester-là jusqu'au printemps, car l'hiver arrêtait forcément toutes les opérations. — Il finit par rassembler 5,000 hommes, dont 2,000 Canadiens et sauvages, puis au premier dégel on se mit en route. Les soldats marchaient dans la neige fondue jusqu'aux genoux, ils n'avaient pas tous des chaussures, et pas toujours du pain, mais ils avaient conservé, malgré tout, leur gaieté du troupier français. Ceux qui n'avaient plus de baïonnettes emmanchaient un vieux couteau au bout de leur fusil et l'on riait quand même.

On pensait surprendre l'ennemi, mais un hasard malheureux pour nous lui avait appris nos mouvements, et lorsque notre petite armée arriva encore sur ces trop fameuses plaines d'Abraham elle y trouva, au lieu d'un poste endormi, les Anglais rangés en bataille, avec toute leur artillerie, et qui les attendaient.

Alors eut lieu un des combats les plus étonnants de toute cette étonnante campagne. Les nôtres fatigués, meurtris, tombant de froid et de faim retrouvent subitement des forces à la vue de l'ennemi.

Malgré le feu meurtrier de l'artillerie anglaise, l'aile gauche, sous la conduite de Bourlamaque, se lance en avant et charge à la baïonnette. Furieux, désespérés, ils vont droit devant eux, culbutant, balayant, enlevant tout sur leur passage. Les Anglais, étonnés, terrifiés, lâchent pied et reculent; aussitôt, de Levis donne à l'aile droite l'ordre d'attaquer, et alors les Anglais, enfoncés partout, absolument déroutés, s'enfuient piteusement derrière les murailles de Québec, laissant sur le champ de bataille 20 canons, 2 obusiers, et plus de onze cents morts ou blessés.

Le lendemain, M. de Levis fit faire des tranchées devant la ville et le siège commença. La poudre était si rare qu'il était défendu aux canonniers de tirer plus de 20 coups par pièce dans les 24 heures, mais on travaillait gaiement, on acceptait tout, le cœur plein d'espoir, car on attendait des secours de France. Une escadre de douze navires était partie de Bordeaux et « une seule frégate française paraissant devant la ville eût décidé la reddition de Québec », dit de Levis.

En effet, dans la journée du 15, on aperçut tout au loin une série de points noirs, qui lentement approchent et grandissent peu à peu. Ce sont bien des voiles, et les cœurs se mettent à danser dans les poitrines, on se regarde les yeux humides. Les voilà, enfin ! il était temps... Maintenant on mangera du pain, on aura de la poudre... Mais tout d'un coup, les hurrahs frénétiques des assiégés, debout sur les remparts, transforment cette joie en consternation. C'était l'avant-garde de la flotte anglaise.

Aussitôt M. de Levis lève le siège et se replie sur Montréal avec 3,600 hommes, décidé, dit-il, à tenir jusqu'au bout. Un mois plus tard, il écrivait : « Nous n'avons de la poudre que pour un combat et il est surprenant que nous existions encore ; mais si les ennemis ne mesurent pas leurs mouvements, nous en profiterons pour combattre le corps de leurs troupes qui avancerait le premier : c'est l'unique ressource qui nous reste. Nous sommes hors d'état de tenir la campagne : vivres, munitions, tout nous manque. »

Il obtient de ses soldats et de ses officiers qu'ils donnent toute la monnaie qu'ils possédaient et, avec cet argent, on put acheter du pain pour un mois. Ceci fait, on se prépara pour la grande, la dernière lutte.

Car déjà les Anglais étaient en marche. Trois

armées, comptant plus de 20,000 hommes, avec une artillerie formidable, se donnaient la main pour cerner Montréal, ville n'ayant pour toute fortification qu'un simple mur de 2 à 3 pieds d'épaisseur.

Bourlamaque et Bougainville firent des prodiges pour retarder la marche de ces troupes.

Au Fort Levis, le capitaine Pouchot avec 200 hommes arrêta pendant 12 jours les 11,000 Anglais du général Amherst, et lorsqu'enfin il se rendit les remparts du fort étaient partout détruits, tous ses officiers avec le tiers de la garnison tués ou blessés.

Le 8 septembre cependant, Amherst arrivait en vue de Montréal et c'est alors que le Gouverneur de la Colonie convoqua un conseil de guerre, où l'on décida la capitulation.

Le général anglais accepta nos conditions, mais refusa les honneurs de la guerre aux troupes françaises. De Levis, indigné, reprend son épée, et avec les 2,200 hommes qui lui restaient, se prépare à continuer la lutte ; et, ce n'est que sur l'ordre formel du Gouverneur que ces héros vaincus, blessés, mourants de faim et de fatigue mirent bas les armes devant 20,000 Anglais. De Levis fit une protestation publique signée par tous ses officiers « offrant tous de s'immoler. »

Mais le général anglais resta sourd ; il ne savait pas comprendre la sublime douleur du vaincu... Il fallait à ce vainqueur la revanche de tant de défaites.

Trois ans plus tard, en 1763, le Traité de Paris

cédait à l'Angleterre toutes les possessions de la France dans l'Amérique du Nord.

Notre Nouvelle France, qui nous avait tant aimé, ce pays conquis par nos pères, arrosé de leur sang, devenait le Canada anglais par l'abandon d'un roi indigne. Ne parlons pas de celui-là, l'histoire s'est chargée de flétrir sa mémoire; mais souvenons-nous avec orgueil et reconnaissance de ces superbes vaincus, de ces patriotes qui, là-bas, en pays d'outre-mer, ont su mourir pour l'honneur de notre pays, et suivons avec sympathie et attention les efforts de ce hardi Canada-français qui, aujourd'hui plus que jamais, revendique son titre de naissance et saisit avec empressement toutes les occasions de manifester les sentiments d'amour qu'il conserve pour la France sa mère.

Qui sait jamais ce que réserve l'avenir? Espérons en nos frères d'Amérique!

SAINT-PIERRE et MIQUELON

Saint-Pierre ét Miquelon, quelques tristes roches granitiques couvertes de tourbe, voilà ce qui nous reste à nous les explorateurs, les conquérants, les civilisateurs de l'Amérique du Nord. Voilà à quoi se sont réduits les rêves splendides des Montcalm et des Lévis, qui voulaient doter la France d'un empire vingt fois plus grand qu'elle. Tout petits et tout tristes qu'ils soient, nous les aimons, pourtant, ces débris d'un si glorieux passé, nous les aimons avec orgueil, malgré tout, et pieusement, comme on aime le souvenir d'un aïeul.

D'ailleurs, à un point de vue pratique, ces îlots situés dans l'archipel de Terre-Neuve nous sont précieux à cause de leur voisinage du grand banc de morues ; pendant la saison de la pêche, ils sont le rendez-vous de 15 à 20,000 marins qui partent des côtes de la Bretagne, de la Normandie et surtout du pays Basque, pour faire la pêche de la morue. Pêche fort productive, qui est en même temps une source de richesse pour l'Etat et une excellente école pour la marine.

Le traité d'Utrecht (1713), qui nous enleva Terre-Neuve, nous réserva le privilége exclusif de la pêche sur certaines parties de cette île, puis, lorsqu'en 1763 nous perdîmes le Canada et nos autres possessions de l'Amérique du Nord, on nous laissa Saint-Pierre et Miquelon, comme refuge pour nos pêcheurs, et le 14 juillet de cette même année 1763 on prit possession de ces îles au nom de la France. Nos droits de pêche et de sécherie à Terre-Neuve furent à ce moment non seulement confirmés, mais étendus.

Des établissements de pêche ne tardèrent pas à se former à Saint-Pierre et à Miquelon; ils prirent même une grande importance. De 1765 à 1777, la pêche produisait, année moyenne, 60,000 quintaux de morue et occupait, en dehors de l'île, 220 bâtiments montés par 3,000 marins.

Mais, en 1778, la guerre de l'Indépendance américaine arrêta brutalement ce mouvement vigoureux; les Anglais s'emparèrent de nos roches granitiques, ils ne laissèrent rien de nos constructions, et les habitants durent s'enfuir. Ils traversèrent l'Océan et vinrent retrouver la Mère-Patrie.

Cinq années plus tard, la paix de Versailles nous rendit ces îlots, et les habitants furent ramenés aux frais de l'Etat. Ils reprirent courageusement l'industrie abandonnée et avec un même succès; mais, encore une fois, en 1793, les Anglais reviennent et les habitants sont chassés. Ce n'est qu'en 1814 que nous serons définitivement maîtres de cette petite mais précieuse Colonie.

En 1816, le gouvernement français, pour repeupler ce pays délaissé, y renvoya 130 familles, et les aida à reconstruire le bourg de Saint-Pierre, aujourd'hui une ville qui s'étend sur une superficie de 84 hectares. Elle se divise en deux parties, l'une appelée la ville en bois, l'autre la ville en pierre. Sa rade est la seule sûre que possède notre Colonie, c'est aussi le point de relâche de tous les navires.

Le *Barachois de Saint-Pierre* est vaste et pourrait recevoir un grand nombre de bâtiments, mais il est peu profond, et seuls les bateaux d'un faible tonnage peuvent y entrer. Depuis de longues années on parle de creusement, de curage, mais on ne fait guère qu'en parler, et, chaque année, comme le commerce de Saint-Pierre devient plus important, la réalisation de ce projet devient plus nécessaire. La dépense serait, évalue-t-on, de 450,000 francs, mais pour assurer l'avenir de la Colonie, pour faciliter le mouvement de navigation et accroître notre situation commerciale le sacrifice n'est pas énorme ! Et pourquoi la Mère-Patrie ne viendrait-elle pas en aide à ses enfants d'Outre-Mer ? Elle y gagnerait autant que sa Colonie. Ce qui fait la force des Anglais, ces colonisateurs intrépides, c'est justement cet esprit de *Go-aheadism* qui parfois nous manque. En cela au moins nous ferions bien de les imiter.

Cette Colonie n'est pas représentée au Parlement, elle envoie seulement un délégué au Conseil supérieur des Colonies. L'administration de St-Pierre et Miquelon est confiée à un commandant aidé d'un conseil privé.

Il existe trois centres de population, *St-Pierre*, *Ile aux Chiens* et *Miquelon-Langlade* dont la population d'ensemble est 5,564 habitants. Aujourd'hui, trois routes carrossables rendent les communications faciles dans toutes les parties de l'île St-Pierre. Les steamers anglais qui vont à St-Jean de Terre-Neuve font escale à St-Pierre. Chaque quinzaine, il y a un service postal entre Halifax et St-Pierre. De plus, le câble transatlantique attérit à St-Pierre, la mettant en communication constante avec la France.

En somme, notre brave petite Colonie est parmi les prospères, puisque depuis 40 ans la valeur des marchandises tant exportées qu'importées a quadruplé.

La GUADELOUPE

De toutes les belles et nombreuses îles que nous possédions autrefois dans la mer des Antilles il nous reste la *Martinique*, et la *Guadeloupe* avec ses cinq dépendances : *la Désirade, Marie-Galante, Les Saintes, Saint-Barthélemy*, et *Saint-Martin*, dont la moitié seulement est à nous, l'autre appartenant à la Hollande.

La Guadeloupe se compose de deux îles principales séparées par un bras de mer appelé la Rivière Salée. La partie occidentale est la *Guadeloupe* proprement dite, la partie orientale porte le nom de *Grande Terre*.

Cette île fut découverte en 1493 par Christophe Colomb. Ce géant parmi les grands la nomma Sainte-Marie de Guadeloupe, alors une des madones très révérées de l'Estramadure. Un grand siècle, presque un siècle et demi s'écoula avant qu'aucun peuple de l'Europe eût songé à s'y établir. Mais vers 1635 deux gentilshommes français, L'Olive et Duplessis, avec plus de 500 de leurs compatriotes, vinrent jeter les fondements de la colonie actuelle. Ils prirent possession du pays sans aucune difficulté et n'eurent avec les Caraïbes indigènes que des relations amicales jusqu'à la mort de Duplessis. Mais peu de temps après cet évènement l'Olive leur déclara la guerre, guerre qui dura plus de quatre ans et ne se termina que par l'extinction des Caraïbes.

Quinze années plus tard, c'est-à-dire en 1648, la *Compagnie des Iles d'Amérique* dont Duplessis et l'Olive étaient agents fut dissoute, et la Guadeloupe avec ses dépendances furent vendues au Marquis de Boisseret, et au sieur Houel, son beau-frère, « au prix de 60,000 livres tournois, et de 600 livres pesant de sucre fin par an. » Ceux-ci restèrent propriétaires de l'île jusqu'en 1664, lorsque Colbert vint l'acheter à son tour pour la *Compagnie des Indes Occidentales* qu'il venait de fonder. Mais cette Compagnie ne fit pas des affaires plus brillantes que les autres, et, au bout de quelques années, elle aussi dut se dissoudre. La Guadeloupe fut alors réunie au domaine royal.

En 1666 les Anglais tentèrent de nous enlever notre Guadeloupe, ils s'emparèrent même *des Saintes*, mais grâce un peu à la tempête et beaucoup à la bravoure toute française des habitants, ils furent repoussés. Deux autres tentatives, en 1691 et en 1703 échouèrent également.

Mais en 1759, cette année si cruelle pour nous, qui vit mourir Montcalm et le Canada, mendier Dupleix et s'écrouler l'Inde, la Guadeloupe aussi succomba. Les nôtres écrasés par le nombre durent capituler et, pendant quatre ans, notre Colonie restera anglaise.

C'est le Traité de Paris, 1763, qui nous rendit la Guadeloupe et la Martinique, comme dédommagement du Canada et de presque toutes les Antilles que nous perdions.

Pendant le règne de Louis XVI, notre Colonie entrevit un instant la prospérité, mais les secousses qu'imprimera au monde notre Grande Révolution se sentiront au-delà des mers et avec l'enivrement de la liberté jetteront le trouble dans notre France coloniale. La Convention, dans un sublime élan d'enthousiasme et d'amour, décréta précipitamment, imprudemment hélas! l'indépendance des Noirs, et la loi du 28 mars 1792 admettait à l'exercice des droits politiques les hommes libres, de toute origine, de toute couleur. Aussitôt, dans nos Colonies, la discorde éclate entre royalistes et patriotes, et les anciens esclaves, affolés de cette liberté dont ils ne savaient que faire, augmentent partout ces graves désordres.

L'Angleterre trouva le moment bien choisi pour revenir à la charge et nous enlever cette Guadeloupe que depuis si longtemps elle convoitait. Au mois d'avril 1794, les Anglais, après s'être emparés des Saintes, vinrent débarquer à la Grande-Terre; les nôtres se défendirent avec courage, mais, devant des forces très supérieures, ils durent capituler et encore une fois notre île devint anglaise

Il n'y avait plus à lutter; l'Angleterre toute puissante s'installait à Marie-Galante, à la Désirade, partout. Les choses en étaient là lorsqu'un beau matin du mois de juin un bâtiment arriva en vue de Pointe-à-Pitre, chef-lieu de Grande-Terre, bâtiment qui portait deux commissaires choisis par la Convention pour la représenter; ils se nommaient Victor Hugues et Chrétien, et leur escorte se composait de 1,150 hommes commandés par un général de division. Leur étonnement fut grand en voyant flotter le pavillon britannique sur cette terre française. Ils n'y comprenaient rien ; une petite barque envoyée au-devant d'eux leur apprend bientôt que les Anglais sont maîtres de l'île, qu'ils disposent de forces quatre fois plus grandes que celles du navire et qu'ils s'opposeront par les armes à toute tentative de descente.

Les chefs se consultent, hésitent, parlent de retraite et de prudence, sur quoi Victor Hugues dit hardiment : « Nous sommes partis de France pour venir à la Guadeloupe. Nous y voici. Il m'importe peu que les Anglais y soient arrivés avant nous. Allons à terre ! »

On débarque, les Anglais sont culbutés, 10,000 hommes de renfort viennent à leur secours, mais Hugues n'est pas homme à s'arrêter pour si peu. Certain général parle de défaite possible ; il lui arrache ses épaulettes en déclarant qu'il n'est pas digne de commander à des républicains. Il savait inspirer à ses soldats cette confiance audacieuse que lui-même possède, il les entraîne, les électrise et ils se battent comme des lions ; aussi obligent-ils deux généraux anglais Graham et Prescott à capituler et à évacuer la Guadeloupe. Plus tard, il leur reprendra la Désirade, les Saintes, Marie-Galante, en un mot toutes les dépendances de la Guadeloupe.

Toujours sûr de lui-même, d'une hardiesse nconcevable, il parle aux Anglais en maître. Un jour, il leur fait savoir « que si leurs flottes continuent à inquiéter les îles placées sous son commandement il fera fusiller autant de leurs prisonniers qu'il sera tiré de coups de canon contre les villes du littoral. »

Et les Anglais craignaient tous ce fier Conventionnel, ce diable de Français, qui savait tenir si haut son drapeau, que le général Abercromby à la tête de 20,000 hommes aima mieux l'éviter que l'attaquer. Il fit d'ailleurs au commerce anglais dans ces parages un mal immense.

On le dénonça en France, comme ayant outrepassé ses droits, mais le Directoire déclara qu'il avait bien mérité de la Patrie.

Hugues fut remplacé par le général Desfourneaux, qui eut pour mission de mettre en vigueur la Convention de l'an III, d'après laquelle nos Colonies devaient être régies absolument comme nos départements. Après lui, vinrent plusieurs agents du Directoire, mais la Guadeloupe n'était pas définitivement nôtre.

En 1801 des troubles assez graves éclatent de nouveau entre Français. Un arrêt consulaire modifiant l'organisation coloniale, porte que nos Colonies ne seront plus assimilées aux départements, mais régies par des lois particulières. Le capitaine Lacrosse, un des fonctionnaires chargés de mettre à exécution cet arrêté, se montre d'une rigueur extrême et coupable vis-à-vis des noirs devenus citoyens. Il est chassé, on constitue un gouvernement provisoire, en attendant un nouvel envoyé de France. C'est alors que Bonaparte, premier consul, expédie le général Richepanse, étouffe la liberté par la force, et une lutte terrible et douloureuse s'engage. L'esclavage est rétabli, et un autre arrêté consulaire de 1802 fait rentrer les Colonies sous le régime d'avant la Révolution.

Puis surviennent les Anglais, et encore une fois leur pavillon flotte sur notre Colonie. En 1810 ils occupent la Guadeloupe, en 1813 ils la cèdent à la Suède, qui la leur rétrocède en 1814, et ce ne sera qu'au mois de juin 1816 qu'elle rentrera, pour n'en plus sortir, sous la domination de la France.

La Guadeloupe proprement dite est belle avec ses montagnes boisées, ses gorges et ses torrents. Son sommet le plus élevé est la *Soufrière*, volcan qui fume encore, haut de 1,484 mètres. Parmi ses rivières, les plus considérables sont *Goyave* et *Lézarde*.

Les deux ennemis les plus terribles de la Guadeloupe sont la fièvre jaune et les tremblements de terre.

La Grande-Terre manque de pittoresque, mais elle est féconde. Les principales cultures dans ces deux îles sont la canne à sucre et le caféier. On y cultive aussi le rocou, le manioc, le cacaoyer, le cotonnier, la vanille, etc.

La grande industrie du pays est la fabrication du sucre.

La *Désirade*, île volcanique très aride, *Marie-Galante*, d'une grande fertilité, et le groupe des *Saintes*, îles rocailleuses où rien ne pousse, sont les unes et les autres des découvertes de Christophe Colomb. *Saint-Barthélemy* nous a été rétrocédée par la Suède en 1877 seulement ; ce pays l'avait reçue de nous en 1784. La moitié seulement de *Saint-Martin* nous appartient, l'autre moitié est à la Hollande.

La Guadeloupe, avec ses dépendances, compte 180,000 habitants. Le chef-lieu de la colonie est *Basse-Terre,* ville saine et agréable; mais plus importante au point de vue commercial est *Pointe-à-Pitre,* fondée par les Anglais en 1760, un des plus beaux ports de la mer des Antilles. Non loin de Pointe-à-Pitre se trouve *Moule,* commune riche et peuplée. Son industrie sucrière lui donne un mouvement d'affaires considérable. Plusieurs usines importantes y sont établies et donnent de fort beaux résultats.

Un *Gouverneur,* aidé d'un Conseil privé, représente le pouvoir suprême à la Guadeloupe. Il y a un conseil général de 36 membres, une commission coloniale et une municipalité. Cette colonie est représentée au Parlement par un député et un sénateur.

L'instruction publique y est assez développée, surtout depuis quelques années. Pointe-à-Pitre possède un lycée auquel est annexée une école normale d'instituteurs ; un autre établissement d'instruction secondaire existe à Basse-Terre. Les écoles primaires complètement gratuites sont au nombre de 93 ; un cours préparatoire de droit a été institué à Basse-Terre, et une école annexée à la direction de l'artillerie à la Basse-Terre, école où les cours sont faits par les officiers d'artillerie, donne déjà des résultats fort satisfaisants.

Les routes de notre Colonie sont bonnes, nombreuses et bien entretenues. De plus, on propose de relier Moule à Pointe-à-Pitre par voie ferrée.

La MARTINIQUE

La *Martinique* comme la Guadeloupe, dont elle est séparée par l'île charmante de la Dominique, aujourd'hui anglaise, est une découverte de Christophe Colomb.

Duplessis et L'Olive, ces premiers colonisateurs de la Guadeloupe, ne firent que passer à la Martinique (1635). Ils y plantèrent notre drapeau fleurdelisé, puis s'en allèrent plus loin trouver la Guadeloupe. Quelques mois plus tard, d'Esnambuc, gouverneur français de St-Cristophe, y amena une centaine d'hommes, prit possession du pays au nom de la Compagnie des Iles d'Amérique dont il était agent, et construisit un fort là où s'élève aujourd'hui la ville de Saint-Pierre. Pendant plus de vingt ans on guerroya contre les Caraïbes indigènes, qu'on finit par exterminer presque complètement.

Cette Compagnie des Iles d'Amérique fit de mauvaises affaires, et au bout d'une quinzaine d'années fut obligée de vendre et la Martinique et plusieurs autres possessions de la mer des Antilles. C'est ainsi que la Martinique devint la propriété de Duparquet, lequel la légua à ses enfants.

Mais en 1664, Colbert, cet ardent champion des entreprises coloniales, trouvant que les Français avaient fait peu de progrès dans les îles d'Amérique, et cela « parce que les particuliers n'ont pas assez de force pour établir de puissantes Colonies et équiper un nombre suffisant de vaisseaux, » fit décréter par le roi la création d'une nouvelle Compagnie, celle des *Indes Occidentales*. C'est alors qu'il acheta la Martinique au prix de 120,000 livres pour la lui céder.

Cette Compagnie, très privilégiée pourtant, ne dura que 10 ans ; en 1674 elle fut à son tour dissoute, la Martinique fit retour à la Couronne, et à partir de ce moment elle fut administrée par des lieutenants généraux, représentants du roi.

L'Angleterre n'avait pas attendu cette dissolution pour chercher à nous enlever notre Colonie. En 1666 déjà Lord Willoughby avait dirigé une expédition contre l'île, mais l'expédition avait échoué. L'année suivante, Jones Harmant revint à la charge avec 9 grandes frégates, sans plus de succès que son prédécesseur.

Après les Anglais vinrent les Hollandais sous le commandement du grand Ruyter, qui avait reçu l'ordre de s'emparer de la Martinique. Mais ce célèbre amiral rencontra sur son chemin un capitaine de Saint-Malo qui fit échouer son bâtiment ; le débarquement se fait dans de fort mauvaises conditions, les troupes coloniales se battent avec un entrain admirable, et les Hollandais sont repoussés. Ce n'est pas une retraite qu'ils effectuent, c'est une fuite. En toute hâte ils remontent sur leurs navires, on met toutes voiles dehors, et la flotte disparaît. Ils s'étaient enfuis avec tant de précipitation qu'on trouva abandonnés sur le champ de bataille les morts et les blessés et une grande partie du matériel, ainsi que l'étendard du Prince d'Orange. Parmi les morts était le comte de Stirum, nommé par avance gouverneur de la colonie conquise.

En 1693, trois mille Anglais, avec leur ténacité nationale, débarquent de nouveau à la Martinique. Cette fois le débarquement s'effectue parfaitement, mais le départ est aussi précipité que celui des Hollandais. Ils s'en vont laissant bagages, munitions, 300 prisonniers et de 5 à 600 morts.

Quatre ans plus tard, un intrépide corsaire anglais attaqua deux fois notre Colonie, faisant ses débarquements la nuit. Mais les nôtres, conduits par un moine, le Père Lebat, le repoussèrent vigoureusement.

A partir de ce moment et pendant une longue période, la Martinique jouit d'une tranquillité relative, comme aussi d'une grande prospérité. L'agriculture dont on s'occupa spécialement prit un très grand développement, et le commerce devint considérable. La position géographique excellente, et ses ports nombreux et sûrs firent de l'île le grand marché des Antilles.

En 1762 la guerre de Sept Ans fit tomber notre vaillante Colonie au pouvoir de l'Angleterre, mais elle ne demeura anglaise que pendant 17 mois. Le Traité de Paris, 1763, nous la rendit et aussitôt les affaires reprirent avec une grande vigueur. A ce moment on fit des travaux de défense considérables, à Fort-de-France sa capitale actuelle notamment.

Mais ici comme à la Guadeloupe, la Révolution de 89 apportera de terribles bouleversements, et dans toute l'histoire de notre Colonie, il n'y a pas de page plus douloureuse, que celle qui raconte cette lutte entre *patriotes* français et royalistes français. Triste lutte où les royalistes oubliant qu'ils sont Français appellent à leur aide les Anglais, s'allient avec eux contre leurs compatriotes et leur livrent le pays. Pendant huit ans, de 1794 à 1802 la Martinique sera de ce fait anglaise. Rochambeau *patriote*, fils de celui qui combattit si vaillamment pour l'indépendance américaine, se montra digne de son père, et ce ne fut qu'après une lutte désespérée, inégale, et un siège de 32 jours, que l'Angleterre pût arborer son pavillon.

La Martinique nous fût rendue en 1802. En 1809, attaquée par 15,000 hommes, elle tomba de nouveau au pouvoir des Anglais; elle ne devint définitivement et pour toujours française qu'au mois d'avril 1816.

Cette île qui a vu couler tant de sang est « souverainement belle », avec ses forêts touffues, ses grands volcans éteints et ses gorges sauvages. Elle possède de très nombreux cours d'eau, mais deux seulement sont navigables, la *Rivière Pilote* et la *Rivière Salée*. On compte six volcans éteints, dont le plus élevé, la *Montagne Pelée*, n'a que 1,350 mètres.

Comme à la Guadeloupe, les tremblements de terre sont fréquents.

La Martinique est fertile autant qu'elle est pittoresque. La canne à sucre couvre plus du quart de la superficie de l'île. La culture *vivrière* comprenant patates, manioc, bananes, légumes, etc., n'a été faite jusqu'à présent que pour la consommation de l'île, mais aujourd'hui on s'applique à perfectionner les méthodes employées, à acclimater d'autres produits, et fort probablement cette culture vivrière prendra un grand développement.

Le café de la Martinique, depuis longtemps très estimé, n'occupe plus aujourd'hui qu'une place très secondaire parmi les cultures de l'île. Une maladie a attaqué la plante, et le chiffre d'exportation qui, en 1827, dépassait 1 million de kilos, était, en 1883, de 60,000 kilos seulement. On espère cependant remédier à cet état de choses par l'introduction du café de Libéria, plus robuste que celui de la Martinique. Il résiste à la maladie, et paraît se plaire dans ce pays.

Ces années dernières on a fait de nombreux essais d'acclimatation à la Martinique. Le *quinquina*, notamment, paraît vouloir réussir, ainsi que le rocou, l'ipécacuana, les arachides, etc. Malheureusement, beaucoup de colons intelligents et entreprenants sont souvent arrêtés dans ces expériences par le manque de capitaux. L'initiative n'est pas assez encouragée. Le *cacao* donne de bons résultats, et on exporte la canne en quantités considérables.

La Martinique manque complètement de viande de boucherie, aussi s'efforce-t-on aujourd'hui de faire de l'élevage et les quelques tentatives déjà faites sont assez encourageantes.

La flore de la Martinique est riche et variée.

Sa faune compte le terrible trigonocéphale, serpent venimeux, dont la morsure est mortelle.

Les seules industries importantes de l'île, sont celles du sucre et du tafia.

L'instruction publique est fort bien organisée et très développée à la Martinique. Chaque hameau possède son école primaire gratuite. Il existe un lycée de garçons et un de filles, une école normale de garçons et une de filles. De plus, il y a des écoles particulières et des écoles maternelles.

Il y a une école préparatoire de droit et une école d'arts et métiers. La Martinique, d'ailleurs, consacre à l'instruction publique environ un quart de son budget.

La Colonie possède cinq journaux, ayant chacun son imprimerie. Il y a, en outre, une belle bibliothèque populaire, appelée Bibliothèque Schœlcher, du nom de son donateur.

Cette colonie, administrée comme la Guadeloupe, est représentée au Parlement par deux députés et un sénateur.

Le chef-lieu de la Martinique est *Fort-de-France*, port magnifique, vaste et sûr; sa position est excellente au point de vue militaire. *Saint-Pierre*, le centre commercial, est une ville belle et agréable. Les centres de moindre importance sont Bourgs de *Lamentin*, de *Saint-Esprit*, du *Diamant*, du *Marié*.

Cette colonie, florissante déjà, se développe encore, et se prépare un bel avenir.

La GUYANE

Notre Guyane, malheureuse et calomniée, s'étend sur 12 millions d'hectares, sans parler de ce territoire, au sud-est du fleuve Oyapock, contesté par le Brésil depuis bientôt deux siècles. Notre Colonie incontestée, de la rivière *Maroni* à l'ouest (qui nous sépare de la Guyane Hollandaise), à l'*Oyapock* à l'est, a pour limite nord l'Océan. Au sud nous côtoyons l'immense Brésil, mais cette frontière est indécise, et depuis le XVIIe siècle, donne lieu à d'interminables discussions diplomatiques.

La Guyane française d'aujourd'hui, n'est qu'un point au milieu de nos anciennes possessions. La *France Equinoxiale* telle que l'avaient rêvée et comprise nos premiers colons était tout ce vaste territoire encadré par l'Océan, l'Orénoque, le Rio Négro et l'Amazone.

Ce pays entrevu par Christophe Colomb, puis exploré par un de ses compagnons, Pinçon, reçut de bonne heure la visite de nombreux aventuriers et chevaliers errants de tous pays, venus pour chercher et conquérir cette contrée mystérieuse, cette cité merveilleuse de richesse et de splendeur qui existait au-delà des savanes et des grands bois, disait-on, là-bas plus loin vers le centre du vaste continent. Le prince Charmant de ce pays légendaire se vêtissait de paillettes d'or et un trésor inépuisable fournissait de quoi renouveler chaque jour ce vêtement éblouissant. On appelait le souverain de ce pays fortuné l'Homme Doré, *El Dorado*. Et longtemps cette légende fascina l'esprit de nos pères, car assez près de notre époque, en 1720, un des gouverneurs de la Guyane envoya une expédition à la recherche des trésors de l'Eldorado.

Quoiqu'il en soit de cette légende qui attira bien quelques chercheurs d'or et d'aventures, nous savons que dès l'année 1604 quelques Gascons envoyés par Henri IV débarquèrent sur les côtes de la Guyane, et en 1643, les Français étaient établis à Cayenne.

Pendant un demi-siècle, quatre compagnies commerciales, soutenues par le gouvernement français, se succédèrent dans ce pays, sans toutefois réussir à développer en quoi que ce soit la colonisation. Les Hollandais s'emparèrent de Cayenne et notre Colonie était pour ainsi dire morte, lorsqu'en 1664, Colbert chargea M. de la Barre de conduire en Guyane une nouvelle expédition. Les Hollandais furent chassés et la Compagnie des *Indes Occidentales* que le grand ministre venait de fonder et à laquelle on fit la cession de toutes les possessions françaises entre l'Amazone et le Labrador, prit en main la direction des affaires.

Mais cette Compagnie ne réussit pas mieux que les autres. En 1667 notre Colonie fut prise et ravagée par des corsaires anglais, et grand nombre de nos colons furent massacrés. Après les

Anglais, revinrent les Hollandais, et en 1674 tout avait tellement périclité que Colbert supprima la Compagnie des Indes Occidentales et résolut d'administrer la Colonie lui-même directement.

Ce fut une bonne fortune pour la Guyane. Sous cette direction ferme et intelligente l'ordre se rétablit, le travail s'organise, l'agriculture est encouragée. On introduit la canne à sucre, l'indigo et le coton. On bâtit des villages, on explore l'intérieur du pays — en somme, pendant près d'un siècle, la Guyane respire à pleins poumons, elle marche même, lentement il est vrai, mais enfin il n'y a pas de rechûte, c'est une Colonie qui se soutient.

En 1763, cependant, un événement des plus sinistres éclipsa totalement cette prospérité relative, et donna à la Guyane cette réputation d'insalubrité effrayante qu'elle a jusqu'à ce jour conservée, et qui a si grandement nui à son développement. Terre maudite, terre de la mort, terre des tombeaux — devinrent dès lors synonymes de Guyane, et cela par la faute de l'homme bien plutôt que par celle de la nature.

En cette année 1763 Choiseul, qui avait obtenu pour lui-même et pour sa famille la concession de tout le pays compris entre le Kourou et le Maroni, voulut y organiser une exploitation largement conçue. Il fit grand bruit autour de son projet, publia des brochures, distribua des prospectus et lança l'affaire comme sa haute position le lui permettait.

Quinze mille colons, surtout Alsaciens et Lorrains furent vite recrutés ; le chevalier Turgot, frère du futur ministre, eut mission d'organiser l'expédition ; on envoya à l'avance vivres, médicaments, outils, etc., et des ouvriers pour préparer des logements.

Peu de temps après, onze navires avec le fort de l'expédition partirent sous la conduite de M. de Champvallon, lieutenant de Turgot, mais, arrivés sur les plages à l'embouchure du Kourou, rien ne les attendait. De logements point, on ne s'en était pas soucié ; vivres et médicaments avaient été avariés pendant la traversée. Exposés comme ils étaient au soleil terrible, ainsi qu'aux pluies torrentielles des tropiques, sans nourriture convenable et souvent sans eau, il n'est pas étonnant que ces malheureux aient été terriblement décimés par la dyssenterie et la fièvre, ces deux pourvoyeuses de la mort. En quelques mois, 13,000 individus moururent.

Les convois arrivaient coup sur coup, et personne ne songeait à porter remède à cet état de choses ; la faim, le désespoir, la mort étaient partout, et pendant ce temps, M. de Champvallon, en vrai courtisan de Louis XV, montait un théâtre et faisait jouer des comédies. En fait de commerce, il organisait des étalages de marchandises européennes, et dans ce pays de soleil cherchait à vendre des patins. C'était l'incurie la plus honteuse, la plus scandaleuse.

Lorsqu'en France on reçut cette nouvelle, ce fut une consternation. Le Chevalier de Turgot qui avait accepté la direction de l'expédition, mais qui jusqu'alors n'avait pas quitté les salons dorés de Versailles, s'empressa de partir enfin.

Il révoqua M. de Champvallon, il est vrai, mais cela ne fit pas revivre ceux qui étaient morts, et ne rendit pas à notre Colonie la prospérité perdue. Ce fut un grand désastre dont la Guyane a souffert longtemps et souffre encore aujourd'hui.

Quelques années plus tard, en 1776, on envoya comme Gouverneur de la Guyane un jeune homme d'une haute valeur, nature ardente, intelligence supérieure, et chose plus rare peut-être, serviteur consciencieux et dévoué de son pays ; il se nommait Malouet.

Ce jeune gouverneur se lia d'amitié avec un ingénieur appelé Guizau, homme capable de le comprendre et de le seconder. Ensemble ils firent non seulement de sages et de beaux projets, mais des études sérieuses sur le pays. Leur préoccupation principale était l'agriculture, « car, disait Malouet, la Guyane devrait à elle seule nourrir la Mère Patrie. » Il introduisit de nouvelles cultures, améliora celles qui existaient et proposa un grand nombre de réformes utiles que malheureusement il ne put pas appliquer, son gouvernement n'ayant duré que deux ans.

Après lui Bessner, puis Villebois, firent de sérieuses tentatives de colonisation, mais l'une et l'autre demeurèrent sans résultat.

Puis vint la Révolution de 89, dont la répercussion ébranla notre Guyane, comme tout le reste de notre France occidentale. L'abolition subite de l'esclavage paralysa tout essor ; tout travail dut s'arrêter faute de bras.

Un grand nombre de condamnés politiques furent à ce moment envoyés à la Guyane, où presque tous périrent misérablement. Parmi les proscrits de Fructidor se trouvaient 2 directeurs, 53 députés et plus de 500 royalistes, tous hommes qui avaient jusqu'alors mené une vie facile, à qui aucun confort n'avait manqué, et beaucoup d'entre eux n'étaient plus jeunes et n'avaient plus cette force, qui triomphe des privations et des climats.

On débarqua nos malheureux compatriotes sur les rives de la Sinnamary, et au bout de quelques mois seulement, les deux tiers d'entre eux étaient morts — morts de privations et de tristesse autant que du climat.

Ceux qui survécurent et purent rentrer en France firent de si sombres récits sur l'insalubrité du pays que sa réputation, déjà fort mauvaise, devint sinistre.

En 1800, Victor Hugues, celui-là même qui avait montré tant d'énergie contre les Anglais à la Guadeloupe, fut nommé gouverneur de la Guyane. Le premier Consul le chargea d'y rétablir l'esclavage, et pendant un instant les affaires de la Colonie se remirent à marcher, usines et sucreries se rouvrirent, et l'on se reprit à cultiver la terre, mais ce semblant de prospérité ne dura guère.

En 1809, Anglais et Portugais se réunirent pour attaquer la Guyane. On se défendit, mais mollement, Victor Hugues semblait avoir perdu cette énergie sauvage qui avait arraché la Guadeloupe à nos ennemis. Il capitula, stipulant seulement que la Colonie serait remise aux Portugais et non aux Anglais.

Elle resta portugaise pendant 8 ans, et ne fut restituée à la France qu'en 1817.

Quelques années plus tard, sous l'impulsion donnée par le Gouverneur Laussat, homme fort actif et intelligent, on exécuta plusieurs travaux d'une réelle utilité, tels que création de routes et de canaux, réorganisation de chantiers, etc. En 1823, il s'associa à une tentative de colonisation faite par le gouvernement dans le bassin du Mana. On fonda sur le bord de ce fleuve une ville qu'on appela Nouvelle Angoulême, mais l'emplacement avait été mal choisi, l'endroit était malsain, et on dut l'abandonner. Nos colons allèrent s'établir au poste de Mana, à l'embouchure du fleuve. En somme, cette tentative échoua comme les précédentes.

Jusqu'en 1848, notre Colonie vécut tranquillement, sans qu'aucun fait saillant ne fût venu marquer son existence, mais alors il y eut une secousse. Le décret imprudent du 27 avril abolissant l'esclavage dans nos Colonies et donnant aux affranchis le droit de suffrage, fut bien près de la ruiner pour toujours. Comme au temps de sa première liberté, tout travail fut arrêté faute de bras, ateliers et usines furent fermés, cultures délaissées. C'était une désolation.

En 1852, on eut l'idée de faire de la Guyane un établissement pénitentiaire, et un nombre considérable de forçats furent dirigés sur cette Colonie. A partir de 1864, on n'y envoya que des condamnés noirs ou arabes, les blancs étant expédiés à la Nouvelle-Calédonie, enfin aujourd'hui, depuis la loi de 1885, on y *relègue* nos récidivistes.

Cette question si importante de la déportation a fortement passionné les esprits et soulevé au Parlement et dans la presse de très chaudes discussions. Il s'agissait, en effet, de transformer nos criminels en travailleurs productifs, en colons même si possible. L'Angleterre emploie pour ses déportés tout un système de récompenses. Lorsqu'ils donnent satisfaction par leur bonne conduite et leur travail ils peuvent obtenir des concessions de champs et de pâturages, etc., il leur est permis, dans de certaines conditions, de *louer* leurs services aux colons; on s'efforce de relever, de moraliser ces criminels par la propriété et par la famille. Des mariages se font, des familles se forment, et peu à peu la société s'améliore.

Divers pays n'ont pas d'autre origine que la déportation. Et pourquoi ne ferions-nous pas dans notre belle et riche Guyane ce qui fût fait par exemple en Australie? Le pays est insalubre, dit-on. Toutes les terres neuves le sont. Il faut défricher, cultiver, sécher les marais, planter certains arbres; l'homme finira par vaincre la nature à la Guyane, comme il y a réussi partout ailleurs. Les fièvres paludéennes cèdent devant l'habitation prolongée; la dyssenterie s'élimine par les soins hygiéniques. N'a-t-on pas assaini la Cochinchine ? N'a-t-on pas assaini l'Algérie?

D'ailleurs, la Guyane n'est pas partout insalubre, et Cayenne, notamment, jouit d'un climat délicieux et parfaitement salubre. L'Italie a bien ses marais Pontins, et la France ses marais de la Sologne.

En 1855, un autre événement changea considérablement la situation économique de la Guyane, ce fut la découverte de l'or.

Les premières exploitations eurent lieu dans le bassin de l'Approuague, mais aujourd'hui elles s'étendent sur presque tous les cours d'eau de la Colonie.

L'or se trouve le plus souvent en poudre dans les terrains d'alluvion, mais ces alluvions travaillées depuis 1856 commencent à s'épuiser; aussi depuis quelques années on recherche les veines de quartz aurifère qui sont très répandues sur toute la surface de la Guyane. Des échantillons de ce quartz, soumis à l'analyse, ont donné de fort beaux résultats et de très grandes espérances. Les mines de la Guyane, nous disent des hommes compétents et autorisés, sont appelées à égaler sinon à surpasser celles de Caratal dans le Venezuela.

Le traitement du quartz aurifère est coûteux, il est vrai, il faut des machines puissantes qu'on a dû transporter d'Europe, mais on se met à l'œuvre résolument, avec confiance; déjà on a installé des usines de broyage et tout porte à croire que la richesse des filons aura fait vite oublier ces premiers sacrifices et rendu au décuple l'argent dépensé. En affaires comme en politique, il faut de l'audace, de l'initiative et de la persévérance.

Si l'on excepte l'exploitation de l'or, l'industrie de la Guyane est nulle, l'agriculture nulle, le commerce insignifiant. Et pourtant quel beau champ pour les entreprises coloniales que la Guyane, quelle belle et splendide contrée, aux produits les plus variés !

Dans ses parties hautes, ce n'est qu'une vaste forêt vierge qui serait d'un fort beau rapport et d'une grande ressource si elle était intelligemment exploitée. On y rencontre les arbres des essences les plus précieuses, des bois de construction et d'ébénisterie. Il y a un grand nombre de cours d'eau, et il serait facile d'établir des scieries mécaniques, mais les permis d'exploitation ne sont accordés que pour 3 ou 4 ans, l'Administration se montre peu favorable à cette industrie, si bien qu'actuellement trois ou quatre habitants seulement s'efforcent de tirer parti de ces immenses richesses. On fait venir des bois de construction de l'Amérique du Nord.

De même la Guyane avec ses savanes et son sol riche pourrait admirablement tenter l'élevage et le commerce du bétail avec les Antilles, mais l'Administration interdit l'exportation des bestiaux ; aussi la Colonie ne produit même pas pour sa propre consommation. Elle fait venir des bœufs, des animaux de trait et des viandes conservées, d'Europe et de l'Amérique du Nord.

Le café, la canne à sucre, le cacao, le coton, l'indigo, le quinquina, le rocou, la ramie, en un mot tous les produits des pays chauds prospèrent à la Guyane.

Le kaolin s'y trouve en abondance. Le fer

aussi et la houille, ainsi que l'argent, le cuivre, le plomb, les pierres précieuses, etc.

La faune de la Guyane est aussi variée que le reste: jaguar, tapir, singes, oiseaux aux plumages éclatants, serpents, tels que le boa constrictor et le serpent à sonnette, caïman, requin, insectes à l'infini. Il n'y a que l'homme qui manque, car ce vaste pays ne compte que de 26 à 28,000 habitants.

Plus de vingt cours d'eau arrosent notre Guyane : les principaux sont le *Maroni*, avec ses affluents, le *Mana*, le *Sinnamary*, le *Kourou* (de triste mémoire), et l'*Oyapock*.

De villes, la Guyane n'en a point, à l'exception de *Cayenne*, qui compte 8,000 habitants. Les autres centres de population sont tout au plus des villages, tels que *Saint-Laurent*, sur le Maroni, qui compte 3,000 habitants, *Mana*, 600, *Sinnamary*, 300, etc.

Les moyens de communication manquent à notre pauvre Colonie ; il y a encore peu de routes. Un vapeur de la Compagnie Transatlantique relâche une fois par mois à Cayenne, un second fait le service également une fois par mois entre Cayenne et l'Orénoque, et un bateau américain fait six fois par an le trajet de Cayenne à Boston. Et voilà tout ce qui relie la Guyane française au reste du monde.

Cependant un service mensuel direct de voiliers vient d'être établi par la maison Auguste Bayle, du Hâvre.

Ce qui manque à cette triste et languissante Colonie, ce sont des bras — la déportation lui en donnera; — il s'agit de les bien diriger, sagement, utilement, de façon à en tirer le plus de parti possible, à défricher, ouvrir des routes et des chemins, et à assainir ainsi le pays. Cela ne se fera pas en un jour; il faut de l'esprit de suite, de la persévérance et ne pas se laisser arrêter par les obstacles et difficultés qui se rencontrent au début de toute chose. C'est ainsi que la Guyane, « considérée aujourd'hui comme un tombeau, peut devenir le berceau d'une population florissante. »

OCÉANIE

Les établissements français de l'Océanie comprennent :

L'Archipel de la *Société* qui se compose de deux groupes, les *Iles du Vent* et les *Iles Sous le Vent*. Le premier de ces groupes est formé par les îles *Tahiti* et *Moorea* et quelques îlots adjacents. Le deuxième par les îles *Huahine, Raïatea-Tahaa et Bora-Bora* ;
Les *Marquises* ;
Les Archipels *Tuamotu* et *Gambier* ;
Les îles *Tubuaï* et l'île *Rapa* ;
Rocher *Clipperton*.

TAHITI

Tahiti, ce doux pays de printemps éternel, avec ses frais ombrages et ses clairs ruisseaux, est merveilleuse de beauté, puissante et gracieuse à la fois. La nature y a partout semé des splendeurs, dans ses grands bois superbes de vigueur, dans ses vallées où la brise vous apporte des parfums de lotus et de gardenias, et où les touffes d'hibiscus rouges ressemblent à des étoiles de feu.

Les Tahitiens sont grands et bien faits, les femmes sont jolies et d'une grâce très séduisante. Et ce peuple d'enfants se laisse vivre au milieu de cette splendeur, jouissant du soleil, rêvant à l'ombre, n'ayant qu'à tendre la main pour cueillir la banane, la noix de coco, ou le fruit de l'arbre à pain dont il se nourrit. Ils parlent une langue mélodieuse, presque sans consonnes ; leur caractère est doux, et les Européens qui ont vécu parmi eux parlent tous avec enthousiasme de ce pays enchanteur et de son peuple naïf et gracieux.

Découverte au commencement du xviie siècle par l'Espagnol Quiros, dit-on, explorée très certainement en 1767 par l'Anglais Wallis, Tahiti, fut plus tard visitée par Bougainville, puis par Cook, qui tous deux firent de ce pays charmant les récits les plus enthousiastes.

En 1797, la Société des Missions de Londres envoya là-bas une trentaine de missionnaires avec leurs familles. Ils furent bien accueillis et ne tardèrent pas à acquérir une grande influence. Vingt ans s'étaient à peine écoulés qu'ils étaient les véritables maîtres du pays, dictant leurs volontés aux souverains et régissant tout à leur guise.

En 1842, deux prêtres catholiques, des Français, arrivent à leur tour ; mais les protestants, craignant pour leur œuvre et pour leurs propres intérêts, persuadent la reine de s'opposer à leur débarquement, et on emploie tous les moyens pour éloigner ces nouveaux arrivants. Pendant ces difficultés, un navire de guerre français, commandé par l'amiral Dupetit-Thouars, paraît en rade de Papeete, chef-lieu de l'île ; aussitôt, les deux prêtres, en leur qualité de compatriotes, réclament la protection de l'amiral. Dupetit-Thouars l'accorde avec empressement et déclare que tous nos nationaux ont le droit de débarquer, de circuler et de s'établir dans l'île comme tous les autres étrangers.

Déjà un consul des Etats-Unis, M. Mœurenhout, très favorable à notre cause, avait habilement entamé des négociations avec la reine Pomaré, et l'avait presque persuadée de se mettre sous notre protectorat. Nos relations avec elle étaient donc fort amicales, malgré cet incident de débarquement, et on espérait mener à bonne fin la transaction si heureusement commencée. La chose n'aurait pas présenté des difficultés sérieuses sans l'intervention active et violente du missionnaire Pritchard, lequel fort irrité de la tournure que prenaient les affaires nous suscita partout des troubles et de graves ennuis.

Une Convention fut néanmoins signée le 9 septembre 1842, par laquelle la reine Pomaré et les chefs du royaume plaçaient Tahiti sous le protectorat de la France.

Mais cette Convention ne devait pas mettre un terme au conflit. Après le départ de l'amiral Dupetit-Thouars de nouveaux troubles éclatent, les Anglais entourent la reine et la décident à ne pas hisser le pavillon français. Au reçu de cette nouvelle, Dupetit-Thouars revient et prie la reine de remplacer immédiatement son pavillon royal par celui du Protectorat comme il avait été convenu. — La reine refuse. — Pritchard amène le pavillon britannique et invite la reine à se réfugier sur un bâtiment anglais. La situation se tend de plus en plus ; Pritchard prêche partout la révolte, des bandes armées parcourent le pays, et enfin les choses arrivent à tel point, qu'il n'y a d'autre moyen de les arranger que par les armes.

Et Tahiti, avec son doux ciel, devient le théâtre de luttes sanglantes. La prise de Fataua par les Français, le 17 septembre 1846, mit fin à cette guerre, et l'année suivante, un article fut ajouté à la Convention de 1842 donnant à l'autorité française le droit d'intervenir dans toutes les mesures prises à l'égard des Indigènes et stipulant qu'aucune chose les concernant n'aurait force de loi sans le consentement du gouvernement français. A partir de ce moment la paix n'a plus été troublée.

Au mois de décembre 1865, la reine Pomaré fit encore plus pour l'autorité française ; elle décida que désormais tout coupable serait jugé devant des tribunaux français et d'après nos codes. C'était mettre entre nos mains la justice, l'attribut par excellence de la souveraineté.

Lorsque la reine Pomaré mourut, en 1877, son fils aîné fut reconnu roi. Deux ans auparavant il avait épousé une jeune métisse, fille d'un résident anglais, et cette circonstance fit craindre au gouvernement que l'Angleterre ne cherchât, par son intermédiaire, à ébranler notre influence. Il était possible que le nouveau roi ne reconnût pas le Traité de protectorat de 1842 ; il fallait donc que cette question fût définitivement et solidairement réglée. Elle le fut, à la satisfaction de tous, le 29 juin 1880, lorsque notre commandant, M. Chessé, signa avec le roi et les chefs Tahitiens, un Traité par lequel, moyennant une indemnité d'argent, Sa Majesté Pomaré V transmit à la France, absolument et pour toujours, le gouvernement de ses Etats, ainsi que tous ses droits et pouvoirs sur les *îles de la Société* et dépendances.

Cette fois, Tahiti et ses annexes étaient bien et définitivement nôtres.

Tahiti est formé de deux presqu'îles, réunies par un isthme large de deux kilomètres à peu près. Presque partout un récif de corail les entoure. D'assez hautes montagnes les couvrent en tous sens ; deux sommets, l'*Orohéna* et l'*Aora*, dépassent 2,000 mètres. Les plaines du littoral sont fertiles et propres à presque toutes les cultures, mais on n'en fait aucune en grand. Les principales sont celles du coton, de la canne à sucre et du cocotier.

Il n'y a pas de grandes industries : quelques usines à sucre, trois usines à égrener le coton, une pour la fécule de coco, et voilà à peu près tout.

Tahiti est arrosé de nombreux cours d'eau dont le principal, la Fataua, se jette à la mer non loin de *Papeete*, chef-lieu de Tahiti, ainsi que de tous nos établissements de l'Océanie. Son port est vaste, profond et sûr ; c'est d'ailleurs le siège d'un commerce important quoiqu'il ne compte que 3,200 habitants. La population de l'île entière est de 9,200.

Il n'existe qu'une seule et unique route, appelée route de *ceinture*, vu qu'elle fait le tour des deux presqu'îles. On songe à établir un tramway à vapeur sur cette route.

Il y a un service postal hebdomadaire entre Tahiti et l'île Moorea ; à l'intérieur, ce service se fait d'une façon très élémentaire. Les communications avec les autres parties du monde sont rares et pour la plupart irrégulières. On communique avec la France par voie de San-Francisco, et il n'y a pas de ligne à vapeur ; le service mensuel se fait par 3 navires à voiles, chacun faisant 4 voyages par an. C'est la seule de nos Colonies qui ne soit pas reliée à la France par un service à vapeur.

Il n'existe pas de service télégraphique dans nos établissements de l'Océanie.

Le pouvoir suprême est exercé par un *Gouverneur* aidé d'un *Conseil privé*. Un délégué représente notre Colonie au Conseil supérieur des Colonies.

MOOREA

L'île de Moorea, située à une vingtaine de kilomètres au nord-ouest de Tahiti est plus petite que celle-ci, mais non moins charmante. Même douceur de climat, même beauté d'aspect. Le sol et les productions se ressemblent absolument. La culture du coton y prend une extension considérable, et le café réussit admirablement.

La population de l'île est de 1,500 habitants environ.

LES ILES SOUS LE VENT

Les *îles Sous le Vent* ont été découvertes par Cook en 1769. Leur superficie totale n'est que de 30,000 hectares, et la population n'atteint pas 5,000 âmes, mais leur situation au centre du Pacifique leur donne une certaine importance. Leurs ports naturels bien abrités feraient des points de relâche pour les navires allant de l'Isthme de Panama à l'Australie. Bora-Bora est considérée comme une excellente position militaire.

« Un gouvernement prévoyant, dit M. Chessé, pourrait faire de ce point stratégique le Gibraltar de l'Océan Pacifique. »

Ces îles ont été annexées à notre domaine colonial par un Traité signé le 24 octobre 1887.

ILES MARQUISES

Les onze îles *Marquises*, toutes volcaniques, forment deux groupes distincts, éloignés de 46 kilomètres environ. Elles furent découvertes à la fin du XVIe siècle par le navigateur espagnol Alvaro de Mendana. Pendant 200 ans environ, l'Europe les oublia ; c'est le capitaine Cook qui, en 1774, attira de nouveau l'attention sur elles ; et, en 1791, un Français, nommé Marchand, alla dans ces parages, prit possession de l'archipel au nom de la France et l'appela *archipel de la Révolution*. Mais ce n'est qu'en 1842 qu'il devint vraiment français ; c'est alors que l'amiral Dupetit-Thouars y arbora notre drapeau aux trois couleurs.

L'île principale *Nouka-Hiva* mesure 32 kilomètres sur 19, c'est environ l'étendue du département de la Seine. On l'a choisie en 1850 comme lieu de déportation.

Dans toutes ces îles la végétation est belle ; l'arbre à pain et le cocotier, ces deux providences des pays chauds, se trouvent partout. Depuis un petit nombre d'années les indigènes de Tahuata cultivent le coton avec un très grand succès.

Les Polynésiens de ces îles sont des hommes superbes, grands, fortement charpentés, bien proportionnés, mais on ne leur trouve pas la douceur d'expression des Tahitiens, ils ont la physionomie rude. Les femmes sont très jolies et gracieuses. La population actuelle des Marquises est de 5,800 habitants.

Cet archipel fait, année moyenne, pour 2 millions et demi d'affaires, principalement avec San-Francisco. Il fournit à l'exportation : coton, poisson salé, canne à sucre, etc.

Il est administré par un Résident sous les ordres du Gouverneur.

ARCHIPELS TUAMOTU ET GAMBIER

L'*Archipel Tuamotu*, ou archipel Dangereux, comme l'appellent quelques navigateurs, est situé à l'est de Tahiti et comprend 78 îles dont quelques-unes inhabitées. Presque toutes sont des récifs élevés lentement, laborieusement par des polypes autour de lacs intérieurs ou lagunes d'où l'on tire des nacres perlières. C'est une des plus vastes pêcheries qui soient au monde que cet archipel madréporique. Les naturels n'ont point d'autre industrie que la pêche, mais aussi le plongeur Tuamotu est réputé le premier plongeur du monde, et les femmes ne sont pas moins habiles que les hommes à ce dur métier.

Le sol de ces îles est très peu fertile, la couche de terre végétale étant peu profonde.

L'île principale est *Anaa*.

La population de cet archipel de 86,000 kilomètres carrés est de 7,300 habitants.

ILES GAMBIER

Au sud des Tuamotu sont les 10 îlots de l'archipel *Gambier*, pris dans une même ceinture de corail. Ils sont protégés par la France depuis 1844, et lorsqu'en 1880 Tahiti fut définitivement annexé à la France, Putairi, le vieux roi des îles Gambier, réunit son peuple, et d'un commun accord ils résolurent de se donner eux aussi entièrement et pour toujours à la France. Le Gouverneur se rendit au chef-lieu de l'île principale, *Mangaréva*, et les reconnut comme sujets français.

Les Gambier fournissent de 250,000 à 400,000 francs de nacre par an. Toutefois, la nacre y est en diminution. C'est que, depuis 50 ans, on exploite ses lagunes sans merci ni ménagement; aujourd'hui enfin on prend des mesures pour empêcher cette destruction si regrettable. En dehors de la nacre, les Gambier fournissent des perles pour une somme considérable. Malheureusement, ces perles d'une grande beauté passent presque toutes en Amérique, en Angleterre et en Allemagne ; tandis que la France, qui à elle seule emploie la plus grande partie des belles perles vendues sur les marchés européens, est obligée de recourir à ces coûteux intermédiaires.

La population des îles Gambier ne dépasse pas 11,000 habitants.

Comme dans les autres archipels, l'autorité est entre les mains d'un Résident sous les ordres du Gouverneur de nos possessions *océaniennes*.

ARCHIPEL TUBUAI ET ILE RAPA

Les deux îles principales de cet archipel sont *Tubuaï*, entourée de 4 îlots, et *Raivavae* au milieu de 27, qui lui forment comme une couronne de mosaïque au milieu de l'Océan. Les indigènes de Tubuaï vont vendre de l'arrowroot à Papeete.

L'île *Rapa* au sud-est de Tubuaï compte 153 habitants ; quoique la végétation soit pauvre, on y rencontre l'arbre à pain, et des noix de bancoule.

En 1882, les habitants de Rapa firent comme ceux des Gambier, et demandèrent à faire partie de la France. C'est à ce même moment qu'on mit définitivement le pavillon français sur les îles Tubuaï, déjà françaises en principe, puisqu'elles faisaient partie de l'ancien royaume des Pomaré.

LES ILES WALLIS

L'Archipel des Wallis ou Ouvéa, situé au nord-est de la Nouvelle-Calédonie, fut découvert en 1767 par le navigateur anglais dont il porte le nom. Dès l'année 1843, des missionnaires catholiques y avaient fondé une station, et un traité de commerce fut conclu avec la France. En 1887 ces îles ont été annexées aux possessions françaises de l'Océanie.

La population de ce petit archipel qui s'élève aujourd'hui à 8,308 âmes est en voie d'augmentation.

Ce qui donne à nos possessions Océaniennes une importance de premier ordre, c'est leur situation maritime. Placées comme elles le sont sur la route de l'Australie et de l'Asie à l'Amérique, elles sont pour nous, et seront surtout après l'ouverture de l'Isthme de Panama, de précieuses stations navales, des ports de relâche et de ravitaillement. Nous aurons là un entrepôt commercial, un arsenal maritime et un point stratégique indispensables en cas de guerre.

Que la France veille donc sur son Océanie ; qu'elle n'hésite pas à faire quelques sacrifices pour lui préparer un avenir prospère : ce sont là des sacrifices qui rapporteront de gros intérêts.

NOUVELLE-CALÉDONIE

ET NOUVELLES-HÉBRIDES

La Nouvelle-Calédonie, fort bien située sur la route commerciale de l'Australie à l'Amérique centrale, possède de grandes richesses naturelles, des forêts, des montagnes qui renferment de nombreux métaux, un sol fertile, et un climat doux et agréable, un des plus sains qui soient au monde.

C'est une île longue et étroite traversée dans toute sa longueur par une chaîne de montagnes assez élevées. Cook, le célèbre navigateur anglais qui la découvrit en 1774, trouva dans ses côtes abruptes, et dans l'entassement de ses montagnes quelque chose qui lui rappela l'Ecosse. C'est pourquoi il lui donna l'ancien nom de ce pays, *Calédonie*.

Elle resta longtemps sans maître européen. Vers 1785, Louis XVI chargea La Pérouse d'explorer cette Calédonie lointaine et les îles voisines, « ces contrées pouvant ouvrir un nouveau champ aux spéculations du commerce, » disait-il. Mais l'expédition périt, on ne sait comment; d'Entrecasteaux, envoyé à sa recherche, ne recueillit aucun indice, et ce ne fut que 40 ans plus tard, qu'un capitaine anglais trouva les débris des navires de La Pérouse, dans une des îles Vanikoro.

C'est vers ce même moment, 1827, que Dumont d'Urville visita la Nouvelle-Calédonie et reconnut les trois *Iles Loyauté*, situées à une centaine de kilomètres à l'est de la grande terre.

En 1843, des missionnaires français débarquèrent à Balade, au nord de l'île, où ils s'établirent et créèrent plusieurs postes. Ils ne tardèrent pas à prendre dans le pays une influence considérable, et dix ans plus tard, lorsque l'amiral Febvrier-Despointes vint planter le drapeau tricolore sur cette terre neuve et sur l'*Ile des Pins*, son annexe, le nom français y était déjà connu.

L'amiral Despointes établit un poste militaire à Balade, mais la position était mauvaise, le port peu sûr, et son successeur M. de Montravel, transporta le chef-lieu de la colonie à *Nouméa*, situé à l'extrémité sud-ouest de l'île. La rade de Nouméa est magnifique, son port parfaitement abrité et facilement défendable. Malheureusement les environs manquent d'eau, c'est un inconvénient grave, mais non irrémédiable ; l'homme est venu en aide à la nature, on a construit une conduite d'eau qui permet aux navires de s'approvisionner sans aller jusqu'à la baie de Prony, comme autrefois, et la ville, admirablement placée pour le commerce maritime, se développe d'une façon satisfaisante. Elle compte aujourd'hui plus de 4,000 habitants, et, si l'on exécute les travaux projetés dans le port, tels que quais, bassin de radoub, etc., elle pourra prendre une grande extension.

Dès que la Calédonie fut nôtre, le gouvernement français songea à y fonder des établissements pénitenciers, et au mois de mai 1864, la frégate *Iphigénie* débarqua à l'*île Nou*, située en face de Nouméa, 250 condamnés qui formèrent le noyau du premier pénitencier. On employa ces criminels amenés par l'*Iphigénie* à construire des habitations pour la jeune Colonie, à défricher, à ouvrir des routes, à poser des conduites d'eau, etc.

Depuis, chaque année voit arriver de ces convois, et on a créé bien d'autres établissements, des pénitenciers agricoles, des exploitations forestières et minières, etc. Les transportés ayant des professions industrielles sont envoyés au pénitencier central de l'*île Nou*, qui possède des ateliers pour travailler le fer et le bois. Charpentiers, charrons, menuisiers, ébénistes peuvent y être employés utilement. Il existe une fonderie, une briqueterie, etc.

Les criminels condamnés à moins de 8 ans de travaux forcés sont tenus à rester dans la Colonie après la libération pendant un temps égal à la durée de leur peine. Lorsque la condamnation dépasse les 8 ans, l'exil est pour toute la vie.

On applique aux condamnés de la Nouvelle-Calédonie un système de récompense qui ressemble à celui des Anglais ; ainsi on peut accorder à ceux qui se conduisent bien et donnent satisfaction des concessions de terrains, quelquefois la restitution des droits civils et l'autorisation de jouir ou de disposer de leurs propres biens, etc.

A la suite de la Commune de 1871, on envoya en Calédonie 3,000 déportés politiques, avec 450 femmes et enfants ; mais les grâces d'une part, puis l'amnistie de 1880, ont ramené en France cet élément de population. Il n'est resté là-bas qu'un très petit nombre de familles, qui s'y trouvent bien, et prospèrent.

La principale culture du pays est celle du maïs, dont on peut faire deux récoltes par an ; les haricots cultivés sur une grande échelle donnent aussi deux récoltes ; le café est de qualité très supérieure ; le manioc pousse admirablement presque partout : le tabac, la canne à sucre, l'ananas, tous nos légumes et un grand nombre de fruits viennent bien.

Il y a, à la Nouvelle-Calédonie, de vastes espaces propres à l'élevage du bétail ; ses forêts fournissent bois de construction et bois d'ébénisterie ; mais ce sont surtout ses terrains miniers qui promettent à notre Colonie un bel avenir.

Elle a des gisements de *nickel* fort importants et très étendus. L'exploitation du *cuivre* a pris un développement considérable. L'*or* se rencontre sur plusieurs points dans le nord de l'île, mais jusqu'ici il n'y a pas eu de production très rémunératrice. Le *chrôme* est répandu en abondance ainsi que le *cobalt* ; l'*antimoine* de qualité supérieure est exploité depuis peu. Le *plomb* a été signalé sur plusieurs points. A côté de tout cela, des gisements de *houille* sur une grande étendue. L'industrie houillère cependant est encore à créer dans notre Colonie. Marbres, jades, serpentines, ne sont pas rares.

Les deux dépendances de la Nouvelle-Calédonie sont, l'*Ile des Pins* et les *Iles Loyauté*.

L'*Ile des Pins*, située à 50 kilomètres au sud-est de la grande île, est environnée de coraux; elle a de belles forêts, et un climat ravissant.

Les Loyauté, situées à 100 kilomètres à l'est de la Calédonie comprennent trois grandes îles et beaucoup de petites. La plus importante, qui est aussi l'île centrale, est *Lifou*, où se trouve *Chépénéhé*, le chef-lieu de cet archipel de corail. Au sud-est de Lifou est *Maré*, et au nord-ouest *Ouvéa*. Dans ces îles couvertes de forêts se trouvent d'innombrables cocotiers, qui sont pour les indigènes une ressource précieuse.

La Nouvelle-Calédonie avec ses dépendances compte 15,700 Européens, et 50,000 Indigènes encore.

Ces indigènes Calédoniens qu'on appelle *Canaques* sont d'une race belle et assez forte; ils sont intelligents mais peu travailleurs. Ils vivent en tribus dans un état social très rudimentaire, pratiquant encore aujourd'hui les usages les plus barbares qui tendent cependant à disparaître.

La Colonie, administrée par un *Gouverneur* aidé d'un *conseil colonial*, possède un *conseil général* et envoie un *délégué* en France au Conseil supérieur des Colonies.

Les 5 arrondissements de l'île ont pour chefs-lieux, *Nouméa* sur la côte sud-ouest, *Canala*, *Ouaïlou*, *Touho* sur la côte est, et *Ouégoa* au nord de l'île, dans l'intérieur.

Les 45 écoles de la Colonie comptent 2,197 élèves, tant européens qu'indigènes.

Il existe actuellement quelques routes, et d'autres sont à l'état de projet ainsi qu'un chemin de fer de Nouméa à Canala. Des paquebots relient entre eux tous les points de la côte. Un réseau télégraphique met en communication le chef-lieu avec tous les ports et tous les centres de population. On étudie la pose d'un câble sous-marin qui relierait la Calédonie à l'Australie, et par conséquent à la France. De plus, les paquebots touchant à la Nouvelle-Calédonie, la mettent en communication avec l'Europe et l'Australie.

On estime que l'ouverture du canal de Panama aura une influence salutaire sur le commerce, déjà prospère de notre Colonie, appelée très certainement à devenir un *centre important*.

Non loin de notre Calédonie, entre cette île et nos possessions tahitiennes, se trouve le groupe important des **Nouvelles-Hébrides**. Il y aurait un réel et grand intérêt à annexer ces îles à notre Colonie calédonienne, et comme jusqu'à présent elles n'ont point de maître européen, il dépend de nous de les acquérir. En 1882 déjà, d'entreprenants colons de Nouméa, parmi lesquels il faut citer l'énergique M. *Higginson*, naturalisé Français, formèrent une société et achetèrent 400,000 hectares dans les principales terres de cet archipel. Deux années plus tard, cette même compagnie fit envoyer de Nouméa un bâtiment français pour occuper l'île de Mallicolo. Aussitôt les indigènes, de leur propre mouvement, vinrent se mettre sous notre protectorat, demandant à arborer notre pavillon et à trafiquer avec la compagnie calédonienne,

ILE de PÂQUES.

L'*île de Pâques*, située dans l'Océan Pacifique à mi-chemin entre Tahiti et la côte américaine, fut découverte en 1686 par le navigateur Davis. Une quarantaine d'années plus tard, Roggewen la visita un jour de Pâques, ce qui lui valut son nom actuel.

Cette île dont les Chiliens viennent de s'emparer appartient de fait à la France depuis 1866, l'année où les Français s'y établirent. En 1869 le gouvernement du Chili fit savoir à la France qu'il renonçait définitivement à son droit sur l'île de Pâques. A plusieurs reprises, en 1872-77 et 81, les indigènes de l'île ont demandé l'organisation d'un Protectorat français, et ce Protectorat a été officiellement promis. Nos droits sont donc indiscutables ; le gouvernement français, d'ailleurs, ne l'oublie pas, et saura les faire valoir ; il entend que la France reste maîtresse de l'Océan Pacifique oriental, les paroles prononcées à la tribune française par M. Flourens, le 25 janvier de cette année 89, en sont la preuve. « Rien n'est perdu, dit-il. Les Anglais nous ont rendu les Iles-Sous-le-Vent, nous saurons les contraindre à nous rendre les îles de Cook ; nos droits ne sont pas douteux. Sur l'île de Pâques, nos droits sont donc aussi indiscutables; le Chili nous la rendra. » Et nous ne doutons pas que les actes du Gouvernement ne soient à la hauteur de ses paroles.

Le percement de Panama terminé, l'île de Pâques ne peut manquer de devenir un dépôt de charbon très précieux sur la route de l'Amérique Centrale à l'Océanie Centrale et à l'Australie. En outre, comme le sol est fertile elle pourra servir de station vivrière ; on y trouve de quoi nourrir des bestiaux ; bananes et patates y abondent, et nos légumes d'Europe y prospèrent.

ROCHER CLIPPERTON

Le rocher Clipperton est un point perdu dans l'immensité du Pacifique, un îlot que pendant longtemps on a pris pour un simple rocher émergeant de la mer, mais qui, grâce à sa situation, sera l'un des points stratégiques les plus importants, lorsque le canal de Panama sera terminé. Situé comme il est par 10° 17' latitude Nord, 111° 30' longitude O. il se tient comme un gardien devant la porte de Panama, à 700 lieues environ de ce port.

A la vérité, Clipperton se compose de deux îles basses, ayant une superficie totale de plus de 900 hectares. Il y a de quoi créer un excellent port, on pourrait y établir un dépôt de charbon, et cet îlot solitaire deviendrait pour les navires allant au Japon, en Chine ou en Australie, un point de relâche précieux. A l'extrémité d'une des îles, se trouve un rocher haut de 12 à 13 mètres, où l'on pourrait installer un phare qui serait visible à plus de 30 milles.

Le rocher Clipperton appartient à la France.

L'INDE

L'Inde, ce berceau des religions que nous voyons avec ses temples, ses pagodes et ses palais à travers la poussière dorée de ses légendes et de ses poésies ; ce pays des merveilles et des richesses inouies, avec ses mines d'or et de diamant, ses fleuves qui charrient les rubis et les saphirs, ses forêts immenses où croissent le santal et l'ébénier — tout ce grand beau territoire qui s'étend depuis les Himalaya jusqu'au Cap Comorin, égalant en superficie l'Europe occidentale, tout cela serait aujourd'hui terre française sans la politique honteuse de Louis XV!

Dans cette belle et fertile péninsule, nous trouvons représentés tous les climats, tous les aspects de la nature, depuis le Haut Himalaya, le séjour des neiges, avec ses pics vertigineux qui touchent au ciel, ses précipices effrayants et ses vastes glaciers où naissent des torrents impétueux, jusqu'au Pendjab avec ses chaleurs atroces, où, à l'ombre, le thermomètre marque parfois jusqu'à 50 et 52°, en passant par des climats comme celui de Ceylan, ce pays enchanteur, à la végétation puissante et splendide, avec ses forêts de palmiers et de bambous, son doux ciel de printemps et ses brises tièdes chargées de parfums.

La flore indienne est la plus riche qui soit au monde : le lotus, le datura, l'hibiscus, le jasmin y abondent ; les roses de Delhi sont célèbres, et parmi les plantes utiles on peut citer, le coton, le riz, la canne à sucre, le café, le thé, le tabac, le poivre, l'indigo, la cannelle, l'opium.

La variété n'est pas moins grande dans le règne animal. On rencontre lions, éléphants, tigres, serpents, buffles sauvages, à côté de nos animaux domestiques. Il y a une infinité d'oiseaux et les abeilles sont très nombreuses. Sur les côtes de Ceylan se trouvent des bancs d'huîtres perlières et des coquillages d'une beauté remarquable.

Au XVIIIe siècle ce vaste et antique empire du Grand Mogol était aux pieds d'un conquérant français, et son histoire d'alors intimement liée à celle de nos pères, a pour nous un attrait tout particulier.

Le premier établissement des Français dans l'Inde date de 1668, mais, bien longtemps avant ce moment, dès la fin même du XVe siècle, de hardis navigateurs portugais, marchant sur les traces de Vasco de Gama avaient abordé sur cette terre fortunée, s'étaient établis dans la péninsule et échangeaient leurs marchandises contre les épices, les étoffes précieuses, l'ivoire et les autres produits du pays. Pendant plus de soixante ans ils continuèrent ce commerce fructueux et restèrent les seuls maîtres de ce monde mystérieux et lointain.

Puis, arrivèrent les Hollandais, ces marchands par excellence, et, devant leurs forces maritimes supérieures et mieux organisées la puissance portugaise dans l'Inde pâlit pour s'éteindre bientôt tout à fait.

A côté des Hollandais nous trouverons plus tard les Anglais, et les Compagnies commerciales de ces deux nations seront déjà en pleine activité, avant que les Français ne soient arrivés pour prendre part à la lutte.

C'est Colbert qui fonda notre Compagnie des Indes. Il lui accorda de nombreux droits et franchises et le monopole du commerce avec l'Orient pendant 50 ans. De plus, il s'engageait au nom de la France, à payer les pertes que la Compagnie pourrait subir pendant les dix premières années.

Louis XIV lui-même s'intéressait à cette entreprise et, voulant y associer sa noblesse, déclarait qu'un homme de noble naissance ne dérogeait pas en faisant trafic avec l'Inde.

La jeune Compagnie, protégée ainsi dès le berceau par une main royale, débuta d'une façon assez brillante. Grâce à l'activité intelligente et à l'habileté remarquable des deux premiers gouverneurs, Caron et Martin, la Colonie prospéra.

On établit des comptoirs à Ceylan et sur le continent, on fonda la ville de Pondichéry, et on guerroya heureusement avec les Hollandais nos rivaux. Deux de leurs établissements, St-Thomé et Trinquemale, tombèrent au pouvoir des Français, et déjà on pouvait prévoir qu'un bel avenir attendait la Colonie naissante.

Mais les beaux jours furent de courte durée ; aux victoires succédèrent les défaites ; les Hollandais s'emparèrent de Pondichéry, notre établissement principal, et le gardèrent jusqu'en 1697, lorsque la paix de Ryswick le rendit à la France. Pondichéry reprit alors de l'importance, devint le chef-lieu de nos possessions dans l'Inde et le centre d'un commerce actif ; elle s'agrandit et prospéra véritablement. C'était, du reste, le seul dédommagement de la Compagnie, qui partout ailleurs éprouvait des pertes désastreuses. Les affaires générales allaient mal, et les autres comptoirs au lieu de rapporter, coûtaient par an plusieurs millions.

Le conseil d'administration était composé en grande partie d'hommes inintelligents, rapaces, à vues petites et étroites ; aussi bien les affaires ne marchaient pas. Peu de temps avant l'expiration des 50 ans de privilège, la Compagnie en arrive à vendre son monopole à des marchands de St-Malo.

C'est à ce moment qu'apparaît aux Indes, un homme qui doit jouer un grand rôle, et jeter un bien vif éclat sur l'histoire de notre Colonie. Tout jeune encore, mais d'une intelligence remarquable, généreux, ardent, l'esprit tourné vers les grandes choses, Dupleix avait débuté dans la vie coloniale comme commissaire des guerres, sous les ordres du gouverneur de Pondichéry.

Celui-ci apprécia hautement les grandes qualités de son jeune subordonné. Dès leur première entrevue il avait deviné chez lui l'homme supérieur. Puis, charmé par cette nature franche et loyale, il se prit de grande amitié pour lui, s'occupa avec sollicitude de son instruction commerciale, lui mit entre les mains les papiers de la Compagnie, et tout ce qui pouvait servir à l'initier à ses opérations. Bientôt il lui confia la direction de certaines affaires importantes, et le jeune diplomate, avec son esprit droit et ferme, ne trompa pas les espérances de son chef.

En 1730 il fut appelé au Gouvernement de Chandernagor, qui était alors dans un état pitoyable. De commerce, point ; tout semblait endormi, enterré, sous une misère stagnante. Dupleix n'y trouva même pas une chaloupe.

Un an plus tard, ce même Chandernagor avait 15 vaisseaux qui naviguaient de mer en mer, transportant nos produits jusqu'en Chine. Dix ans plus tard, ce n'était pas 15 navires, mais 72 qu'il possédait ; on avait bâti 10.000 maisons, les revenus étaient considérables et Chandernagor aurait éclipsé Pondichéry, si en 1742 les directeurs de la Compagnie n'avaient appelé Dupleix dans cette possession.

Pondichéry était le poste colonial le plus élevé ; tous les autres comptoirs lui étaient subordonnés. Le Gouverneur avait à sa disposition les forces militaires, et, chose non moins importante, présidait le conseil qui nommait aux emplois. Tout était donc dans sa main, et assurément Dupleix était bien l'homme qu'il fallait pour ces hautes et difficiles fonctions.

Il y arriva plein d'espoir, avec de vastes et

superbes projets. Il voulut faire ce qu'ont fait depuis les Anglais, appuyer nos établissements sur de grandes possessions territoriales. A vrai dire, il rêvait pour son pays le protectorat de cette admirable péninsule de l'Hindoustan.

Mieux que personne il connaissait la constitution politique du pays. Il avait étudié à fond ce redoutable empire du Grand Mogol, et, derrière la splendeur et la puissance apparentes, il avait découvert la décrépitude qui annonce la dissolution.

Cet immense empire, autrefois si puissant, se démembrait avec une rapidité incroyable. Nababs et soubabs, ces gouverneurs de province, chargés dans le principe de recueillir les impôts, et de faire exécuter les ordres du Grand Mogol étaient devenus autant de petits rois. Ils guerroyaient entre eux, chacun cherchant à étendre son domaine aux dépens du voisin. Grâce à leurs discordes, le pays, ravagé par des bandes de pillards et de brigands qui vendaient leurs services au Nabab le plus généreux, était en guerres et en bouleversements continuels.

Le Grand Mogol lui-même n'était plus qu'un fantôme d'Empereur, incapable de maintenir unis tous ces peuples de races différentes, qui se remuaient et se soulevaient déjà pour recouvrer leur indépendance et leur individualité.

A moins que quelque main ferme et puissante ne vienne saisir ce sceptre que le faible souverain de Delhi ne sait plus soutenir, c'est le fractionnement, le morcellement de la péninsule à bref délai.

Et Dupleix se demande pourquoi une main européenne, française même, ne saisirait pas ce sceptre chancelant et ne sauverait pas de la mort ce grand empire jadis si florissant et si puissamment uni.

Il ne mettait pas en doute que la race européenne, avec sa grande supériorité, n'arrivât facilement à dominer ces peuples hindous. A la vérité, on laisserait à l'empereur fantôme son titre de Grand Mogol; les honneurs et les hommages seraient encore pour lui, on parlerait par sa bouche, les décrets seraient signés de son nom, mais l'empire effectif appartiendrait à la France.

Il est déjà au courant de toutes les divisions locales, connaît les griefs de tel Nabab, les intérêts religieux de telle province, s'informe de tout, et donne parfois son appui à quelque Nabab, qui dès lors se trouve l'obligé, et au besoin, l'allié de la France. Une soubabie est vacante, il s'efforce d'y faire placer un partisan des Français. Et puis, pour séduire ces peuples amoureux de pompe et de cérémonies brillantes, qui méprisent l'humble commerçant, il s'entoure de toute la splendeur éblouissante d'un prince oriental. Il fait au travers de l'Inde un voyage féerique, où au milieu de fêtes splendides les rajahs lui décernent le titre de Nabab de Chandernagor. Le gouverneur musulman de Hougli, haut et puissant personnage, officier du Grand Mogol lui-même, se prosternant à ses pieds, lui rend l'hommage d'un Vassal. Quel prestige aux yeux des Hindous !

Mais Dupleix sait bien qu'il va se heurter à d'autres puissances que les puissances indigènes. Il n'est pas seul dans l'Inde ; les Anglais sont là, avec des établissements nombreux et florissants, Madras, Bombay, fort St-David ; et d'autres sont fondés, — et les rapports des deux Compagnies sont loin d'être sympathiques ! On sent déjà une haine, une jalousie sourde qui ne fera que grandir et qui un jour éclatera d'une façon terrible.

Il est vrai que les Anglais ne s'occupent pas encore de politique, ne cherchent pas à nouer des rapports avec les princes indigènes, ni à étendre leurs possessions territoriales ; l'association jusqu'à présent ne se soucie que d'affaires purement commerciales.

Mais Dupleix a toujours considéré le choc des deux nations comme inévitable, dans un avenir plus ou moins éloigné. Dès le premier jour il y a songé, et dès son entrée au pouvoir il s'y prépare. Sa grande préoccupation est toujours d'être prêt le premier.

Il connaît le pays à fond, s'y est créé des relations, des amitiés ; les peuplades s'habituent déjà à notre suprématie, Dupleix a, par conséquent, de l'avance et il continuera silencieusement son œuvre jusqu'au jour où il se sentira assez fort, et où il pourra par la voix du Mogol lui-même dicter ses volontés à l'Inde tout entière. Ce jour-là l'Anglais bondira, mais il lui faudra s'armer, s'organiser, se préparer en un mot, tandis que lui, Dupleix, est là tout équipé pour la lutte, et dans un pays déjà soumis et obéissant.

Voilà le rêve de Dupleix, son grand projet de conquête et de protectorat français. Rêve qui n'a rien de chimérique, étant donné l'homme qui devait l'exécuter.

Mais il n'est pas encore l'heure d'en parler ; avant d'en arriver là, il y a tout un travail de préparation long et difficile, et Dupleix travaille sans bruit.

Il n'a de confident que sa femme, intelligente et charmante, capable de le comprendre, et heureuse de l'aider dans son grand œuvre. Née d'un père français mais sur le sol indien, et élevée au pays natal, Mme Dupleix connaissait parfaitement les différents dialectes ainsi que les mœurs et les préjugés du pays, et put ainsi rendre à son mari d'immenses services dans ses rapports avec les princes indiens.

Avec sa finesse d'esprit, son tact et sa grâce très séduisante, elle se montra diplomate remarquable et pendant longtemps joua pour son mari le rôle de ministre des affaires étrangères, conduisant les négociations avec une sûreté de jugement et une habileté rares.

Dupleix commence par mettre de l'ordre dans les finances ; les dépenses sont réduites, les fonctionnaires surveillés ; avec lui il faut rendre compte de tout, car le premier point de son programme est d'éteindre les dettes de la Compagnie.

Il veut aussi créer une armée, la discipliner, lui

donner des cadres solides, relever son niveau intellectuel et moral, et puis fortifier Pondichéry, qui un jour peut devenir le point de mire de l'ennemi, et qui hélas n'est pas en état de soutenir un siège. Mais il n'a pas d'ingénieur, et la Compagnie n'a pas d'argent. Dupleix n'abandonne pas son idée pour si peu ; il se fait ingénieur lui-même, trace les plans et dirige les travaux en personne. Quant à l'argent, il avance à la Compagnie 500,000 livres qu'il prend dans sa poche.

Sous sa main énergique, tout prospère, les dettes de la Compagnie s'éteignent, les entreprises commerciales et défensives réussissent au delà même des espérances ; Dupleix a comme une fièvre d'espoir ; infatigable, il travaille avec passion, créant et dirigeant tout.

Mais un jour, au milieu de ses travaux, il lui arrive de Paris une dépêche, un ordre des directeurs de la Compagnie qui, pendant un instant, le paralyse, — ordre qui se résumait en ceci : « Réduire absolument toutes les dépenses de moitié. Suspendre toutes les dépenses des bâtiments et fortifications. »

Réduire les dépenses, c'est dans l'ordre des choses possibles, mais suspendre les travaux de fortifications, se désarmer en face de l'Angleterre, c'est une folie, c'est l'anéantissement de ses projets les plus chers, le renoncement à toute idée de conquête. Au lieu d'obéir, il se remet aux fortifications avec un redoublement de zèle, car, avec la clairvoyance du génie, il voit le danger qui menace et approche. En même temps, il renvoie aux directeurs des lettres d'explications, exposant la situation, rendant compte de sa conduite, et réclamant ardemment des secours en hommes et en munitions.

On n'avait pas alors de bateaux à vapeur, et bien longtemps il fallut attendre cette réponse de laquelle dépendait peut-être notre avenir colonial dans l'Inde. Et, lorsqu'enfin cette réponse arriva, quelle cruelle déception ! La Compagnie refusait les secours demandés, les jugeant inutiles. Au lieu de s'armer, lui dit-on, il faut traiter avec les Anglais, arranger vos affaires à l'amiable, signer de part et d'autre un engagement de neutralité, poursuivre tranquillement vos commerces respectifs : c'est l'intérêt évident des deux Compagnies.

A côté de ces conseils pacifiques, on l'informe que sur le continent européen la guerre a déjà éclaté entre la France et l'Angleterre, au sujet de la succession d'Autriche.

Et on lui dit, traitez, restez neutre.

La fin de la dépêche, cependant, lui donne une lueur d'espoir : Comme il faut tout prévoir, ajoutait-on, nous avons donné ordre à Labourdonnais de se porter avec son escadre dans les eaux de Pondichéry. C'était quelque chose. Mais quand arriverait-il ? où était-il ? comment s'entendre avec lui ? Dupleix ne savait rien de tout cela, et on lui annonce que les Anglais se préparent, que déjà leurs navires de guerre sont en vue de Madras !

Dupleix n'a d'autre alternative que de désobéir aux ordres des directeurs ou de traiter avec les

Anglais. Désappointé, la rage au cœur, il se met en communication avec le Gouverneur de Madras et lui fait valoir avec éloquence tous les avantages qu'il y aurait de part et d'autre à garder la neutralité. Mais le fonctionnaire britannique lui fait répondre qu'il lui est impossible de négocier, ayant reçu ordre de la Couronne de traiter en ennemie la Compagnie française.

Avec cette réponse arrive la nouvelle que Labourdonnais ne viendra pas, qu'à la suite de contre-ordre, il a dû rentrer avec son escadre à l'Ile de France.

Dupleix restera donc seul, avec 400 hommes de garnison, et peu de vivres, dans une ville à demi fortifiée pour faire face à l'Angleterre. Ce n'est pas le moment de perdre courage, il s'agit de mettre en œuvre son merveilleux talent de diplomate, et d'opposer l'habileté à la force.

Pour arriver à ses fins il emploiera le spectre de la puissance hindoue, encore éblouissante pour les Anglais qui n'ont pas regardé derrière les voiles et ne savent pas comme lui que cet échafaudage impérial, en dépit de sa force apparente chancelle, que les piliers sont creux, et tombent vermoulus.

Dupleix réfléchit que Pondichéry et Madras se trouvent tous deux dans les possessions d'Anakverdikan, Nabab du Carnate, l'un des plus puissants parmi les princes indigènes. Homme de valeur d'ailleurs et ami des Français qui avaient rendu de grands services à sa famille. C'est donc derrière Anakverdikan que Dupleix s'abritera dans cette difficulté.

Il lui écrit, rappelle cette ancienne et fidèle amitié de la France, puis il dépeint la situation actuelle. J'ai parlé de paix aux Anglais, dit-il, et ils veulent la guerre, ils veulent me chasser, moi, un officier du Grand Mogol, insultant ainsi jusqu'au trône de Delhi.

Ces raisonnements produisirent l'effet voulu, et Anakverdikan ne tarda pas à intervenir. L'Angleterre un peu effrayée, s'inclina devant le Nabab tout puissant. Pour cette fois du moins l'orage était détourné.

Voilà toujours du temps de gagné, et Dupleix pense bien le mettre à profit pour décider le Conseil à lui envoyer enfin des secours. Il écrit, il envoie des messagers, insiste, supplie, raisonne, fait partir des navires pour l'Ile de France, afin d'expliquer la situation à Labourdonnais. Mais partout son activité ardente ne rencontre qu'indifférence et froideur. La question coloniale n'intéresse personne en France, on s'en soucie fort peu, et les directeurs de la Compagnie eux-mêmes sont trop bornés, trop préoccupés de leurs misérables intérêts mesquins et personnels pour comprendre toute la portée de ce vaste et magnifique système de Dupleix. Ils veulent bien qu'il se débatte tout seul, mais eux n'agissent pas, ne répondent même pas à ses supplications pressantes. — En 1746 il écrivait : « Si nous ne recevons dans le cours de cette année aucun secours sérieux, la Compagnie peut compter les établissements de l'Inde comme perdus. Est-il possible qu'une seule année fasse perdre le fruit de vingt-cinq ? »

Et il s'indigne ; ces lenteurs et ces hésitations le mettent hors de lui, sans toutefois le décourager. Il travaille sans relâche, admirable de foi et de tenacité, jusqu'à ce que ses forces physiques épuisées le réduisent à l'inactivité. Accablé d'anxiété et d'ennemis, tracassé, brisé, par un travail incessant de corps et d'esprit, il succombe enfin à la maladie, qui l'étend sur un lit de souffrance, dont il ne se relèvera que lorsqu'un beau jour du mois d'avril on vient lui annoncer que Labourdonnais avec son escadre est en vue de Pondichéry. Alors force, courage, espoir, tout revient à la fois ; faiblesse et douleur sont oubliées dans la joie de cette arrivée.

Dupleix accueille son illustre compatriote avec une franche et sincère amitié. Il lui expose nettement la situation des deux Compagnies, lui fait part de ses vues et projets, et ces deux hommes éminents se trouvent d'accord sur les moyens à employer pour la réussite de cette grande entreprise.

Les Anglais jetaient déjà les piliers d'un vaste pont qui devait envelopper l'Inde. Ils s'étaient établis tout autour de la Péninsule, sur la côte Orientale comme sur la côte Occidentale ; Calcutta, Madras, Bombay, St-David, et d'autres points encore existaient déjà. Mais ces comptoirs encore fort éloignés les uns des autres étaient en eux-mêmes peu redoutables. Pour qu'ils puissent se donner la main, s'entr'aider* et faire cause commune, il fallait une flotte. Le premier, le grand point pour Dupleix sera donc la destruction de cette flotte ; on verra ensuite à se rendre maître de Madras, le plus important des établissements anglais. Quant aux autres comptoirs faibles et isolés, ils tomberont inévitablement et sans difficulté.

Voilà le plan de Dupleix que Labourdonnais approuva en tous points.

Il se mit à étudier avec zèle tout ce qui touchait à l'expédition projetée, et se disposait à quitter Pondichéry pour rechercher et combattre l'escadre anglaise, lorsque tout d'un coup, pris de quelque étrange accès de jalousie vaniteuse, s'imaginant que Dupleix empiétait sur ses prérogatives comme chef d'escadre, et voulait lui dicter sa conduite, il change d'avis. Et alors partagé entre le désir de se montrer absolument indépendant, et celui de la réussite de l'entreprise, il hésite, recule, perd du temps, adopte tantôt un plan, tantôt un autre, aujourd'hui projetant l'attaque de Madras, demain voulant poursuivre la flotte anglaise.

Dupleix le supplie de prendre un parti et d'agir, car plus d'une fois son irrésolution lui avait fait perdre de grands avantages. A la suite de certaines manœuvres malheureuses il lui écrit : « J'avais tout lieu d'espérer que vous seriez venu à bout de détruire ou de dissiper l'escadre anglaise ; mais le parti que vous avez pris de la laisser subsister et fuir dans son entier m'a plongé dans un mortel chagrin. »

Très blessé de ce langage, Labourdonnais répond « qu'il connaît la guerre, qu'il n'appartient pas à des marchands de lui en remontrer, à lui, qui est du militaire, et qu'on doit laisser la conduite des opérations à ceux qui exposent leur vie. » A la vérité cet homme illustre avec son grand et incontestable talent se conduit alors comme un enfant maussade et ingouvernable.

Un beau jour cependant il se décide pour l'attaque de Madras, et une fois la décision bien et définitivement prise, nous retrouvons Labourdonnais, chef incomparable. L'énergie, le coup d'œil, la promptitude dans la pensée et dans l'action, tout ce qui fait de lui un grand capitaine, un homme de guerre se réveille, et Madras bien que vaillamment défendu ne peut résister. Le 10 novembre 1746 les Anglais, vaincus, capitulent.

Malheureusement ce brillant fait d'armes est terni par une conduite fort regrettable à tous les points de vue.

Labourdonnais, vainqueur, prétend imposer ses volontés à Dupleix et à tout le Conseil de Pondichéry. Il veut, moyennant une rançon par lui stipulée, rendre la ville de Madras aux Anglais. Et sans prendre conseil de personne, dépassant très certainement son mandat de chef d'escadre, il négocie avec eux, et signe un traité qui stipule le retour de Madras aux Anglais.

Dupleix raisonne, conjure, menace, persuade. Mais prières comme menaces sont inutiles. Labourdonnais reste inflexible ; au lieu de céder, il s'entête de plus en plus et refuse obstinément d'obéir.

De son côté Dupleix, d'accord avec tout le Conseil de Pondichéry, refuse de ratifier le traité. Et Labourdonnais, blessé dans son amour-propre, mécontent de lui-même et des autres, criant à l'injustice, quitte l'Inde, laissant Dupleix seul aux prises avec des difficultés qui auraient fait pâlir tout autre que lui.

De flotte, il n'en avait point, tandis que l'escadre anglaise restait intacte; son allié Anakverdikan, Nabab du Carnate, celui-là même dont l'intervention avait une fois sauvé Pondichéry, l'avait abandonné pour embrasser la cause anglaise, et mettait sur pied une armée formidable ; quelques-uns des siens même, découragés, désespérant avec leurs faibles ressources d'avoir raison de forces si supérieures, taxaient le Gouverneur d'imprudence, et voyaient avec regret et un peu d'effroi la prolongation de la lutte. Tout bas, quelquefois tout haut, ils réclamaient la paix, pensant qu'ils marchaient vers la ruine et la défaite.

Dupleix cependant ne faiblissait point, il les laissait dire et poursuivait son œuvre sans se troubler, avec une activité, une énergie et un sang-froid admirables. Il sentait qu'il ne fallait qu'une victoire pour relever les courages, pour raffermir les esprits abattus et inquiets, et cette victoire il la devinait, il la préparait.

Il apprend que l'armée d'Anakverdikan doit entreprendre le siège de Madras, armée redoutable par son nombre, son équipement et aussi par son chef, habile et brave. Il faut, coûte que coûte, la détruire, s'en débarrasser, se relever par une action d'éclat et recouvrer son prestige devant les Indiens. Et Dupleix travaille, travaille sans relâche. Toutes les forces de son esprit sont concentrées sur cette seule idée de victoire.

Il confie le commandement des troupes à un homme brave et sûr, mais en réalité c'est lui-même qui dirige la campagne. Au courant de tout, connaissant dans le détail tous les mouvements de l'ennemi, renseigné sur les projets de son chef, sur les surprises qu'il doit tenter et la route qu'il doit suivre, c'est lui, sans quitter Pondichéry, en tête à tête constante avec ses cartes et ses espions de guerre, qui calcule, combine, et fait mouvoir le tout.

L'habileté du Gouverneur, servie par le courage admirable du soldat, produisit bien le résultat voulu. Les troupes d'Anakverdikan, repoussées une première fois sous les murs de Madras, essuyèrent une seconde et terrible défaite à Saint-Thomé. La paix fut conclue avec Anakverdikan, et Dupleix soulagé put se donner tout entier à la lutte contre les Anglais.

Le premier acte de cette lutte fut l'attaque du fort Saint-David, alors quartier général des Anglais. Malheureusement les circonstances obligèrent Dupleix à confier le commandement à un homme vieux, sans énergie et sans valeur, et l'expédition, mal conduite, échoua complètement. Une seconde tentative ne fut pas plus heureuse. Dupleix s'acharnait encore à réparer ces échecs, lorsque des dépêches de France lui annoncèrent qu'une flotte formidable composée d'une vingtaine de bâtiments, sous les ordres de l'amiral Boscawen cinglait déjà vers Pondichéry, et lui arriverait presqu'en même temps que cette annonce. En fait de renforts, la Compagnie lui envoyait forces recommandations et paroles encourageantes.

Au reçu de cette nouvelle foudroyante Dupleix ne perdit ni énergie ni sang-froid. Son esprit clair et précis trouva du premier coup le point faible de l'ennemi, et avec cette promptitude d'action qui était une de ses forces, il se mit à l'œuvre.

Les Anglais ne possédaient sur toute la côte qu'un seul point de débarquement, Gondelour, pas très éloigné de Pondichéry. Arriver les premiers, chasser la garnison anglaise, couper de la sorte leurs communications avec St-David et empêcher le débarquement des troupes ennemies, voilà son idée ; et en toute hâte il envoie tous les hommes dont il peut disposer. Mais cette fois encore la fortune lui est contraire. Son plan, parfaitement conçu, mais mal exécuté, échoue piteusement. Les nôtres se laissent prendre à une ruse des Anglais et rentrent à Pondichéry en grand désordre, démoralisés et effarés.

A la vue des fuyards une ombre de découragement passa sur l'âme de Dupleix, mais cela dura peu : bientôt il était debout, vaillant et fort comme auparavant, encourageant et rassurant les siens, organisant les travaux du siège, veillant à toutes choses pour la défense de la ville, car il entendait la défendre jusqu'à la dernière extrêmité. Nous la sauverons ou nous mourrons, disait-il.

Pondichéry n'était encore que médiocrement fortifiée, malgré les soins de Dupleix qui avait fait élever autour de la forteresse, à une assez grande distance, tout une ceinture de petits fortins. Défendre ses positions extérieures avec la plus grande énergie, disputer chaque pouce de terrain, avec cela faire des sorties, harceler incessamment l'ennemi, et ne se retirer dans la ville qu'après l'avoir lassé et épuisé ; puis une fois les positions extérieures prises, laisser l'ennemi se heurter encore à la forteresse intacte et recommencer un siège : Voilà comment Dupleix entendait la défense.

Il sera là cette fois lui-même pour tout diriger et tout soutenir, général en chef, ingénieur, administrateur. Partout où l'on aura besoin d'aide et de conseil, partout où il y aura difficulté ou danger, on le trouvera, rassurant les uns, poussant les autres, superbe toujours d'énergie et de prévoyance.

Le 4 août, les navires anglais apparaissent en rade de Pondichéry, mais on était prêt, on les attendait. — Pendant 9 longues semaines on lutta avec acharnement. Aux ressources immenses de l'Angleterre Dupleix opposait son génie, et la valeur de sa petite troupe, qui auprès de lui avait retrouvé espoir et confiance, et qui sous ses yeux se battait comme savent se battre des Français.

Aussi bien le 14 octobre les Anglais vaincus, laissant 1,500 cadavres devant la place, se repliaient vers Saint-David.

C'était une brillante et glorieuse victoire qui eut un retentissement immense dans toute l'Inde. Nababs et Soubabs, princes indiens, jusqu'au Grand Mogol lui-même, envoyèrent des félicitations au vainqueur, qui avait en vérité retrouvé son prestige devant les Hindous émerveillés.

Peu de temps après, un Traité de paix fut conclu entre la France et l'Angleterre, traité qui stipula le retour de Madras aux Anglais, il est vrai, mais qui au moins leur ôta toute idée d'hostilité immédiate, et laissa à Dupleix le loisir et la tranquillité pour s'occuper enfin de son grand projet, la conquête de l'Inde par les Français.

Son premier souci fut de trouver une occasion favorable pour intervenir dans les révolutions du pays, et l'occasion ne se fit pas attendre.

Ce fut d'abord Chauda Saïb, chassé de la Nababie du Carnate, qui vint demander alliance et secours au Grand Nabab de Pondichéry. Presqu'en même temps, le Soubab du Dékan mourut déshéritant son fils, en faveur de son petit-fils, et c'est encore à Dupleix que le prince déshérité vint réclamer justice et appui.

Malgré le désir très grand qu'eut eu Dupleix de prendre part aux affaires de la péninsule, il ne se jeta pas à la légère dans cette guerre indienne. Il étudia et pesa consciencieusement le pour et le contre, se rendit compte des difficultés et des dangers pour les opposer aux avantages qu'il pourrait en retirer, puis enfin se décida pour l'intervention.

Les résultats de cette intervention furent qu'au bout de trois années Dupleix se trouva maître du Dékan, cette immense et magnifique contrée qui s'étend depuis le Nerbuddah au nord jusqu'au Cap Comorin au sud ; le Carnate aussi le reconnaissait comme souverain. Du nord au midi le nom Français fut respecté autant qu'aimé.

Voilà ce qu'avait fait Dupleix sans argent et presque sans troupes. Il avait subjugué pour la France une vaste et admirable contrée, entouré son nom de respect et de gloire, jeté en un mot les fondements d'un empire français dans l'Inde.

En 1751, toutes les difficultés semblaient aplanies. Les Anglais vaincus, se tenaient tranquilles, et excepté un seul, Méhémet-Ali, les princes indiens étaient tous soumis et heureux.

Celui-ci résistait encore, refusant de remplir les conditions d'un traité conclu quelques mois auparavant, et d'évacuer la ville de Trichinapaly. A force de ruse et de roupies * Méhémet-Ali obtint l'appui des Anglais qui envoyèrent des troupes pour la défense de Trichinapaly.

Dupleix résolut d'en finir et d'entreprendre le siège de la place. Il y expédia des forces suffisantes, mais fut obligé de confier le commandement à un général vieux et malade qui conduisit mollement les choses et se vit forcé de demander son rappel. Il fut remplacé par Law, neveu du grand financier, homme dont l'incapacité déplorable, les lenteurs et l'entêtement seront funestes pour la cause de Dupleix et de la France.

Dupleix voulait procéder par un coup de vigueur, enlever la place de vive force, mais Law hésitait, doutait, restait dans l'inaction, puis se laissa battre par Clive, adversaire redou-

---

* Roupie, monnaie des Indes, qui vaut 2 francs environ.

table, intelligent, très supérieur, et d'un patriotisme ardent. Dupleix le rencontrera plus d'une fois. Mais tandis que Clive sentira derrière lui l'Angleterre prête à le soutenir avec ses armées et ses millions, Dupleix verra se dresser devant lui, comme un ennemi, cette France pour laquelle il a travaillé et vaincu.

Dupleix tâcha de sauver la situation par une diversion qui échoua. Quant à Law, après avoir stupidement laissé entrer un convoi de vivres à Trichinapaly, il se retire à Shérigham malgré les ordres contraires du Gouverneur, s'y laisse bloquer, ne s'inquiète pas du tout d'en sortir, immobilise inutilement un millier d'hommes, laisse anéantir de gaieté de cœur et sans lever un doigt pour le secourir un corps français que Dupleix envoyait pour le débloquer. Finalement, il capitule honteusement ; 811 soldats français rendent les armes à 400 soldats anglais ; 41 canons sont livrés.

De tous côtés par la faute de ses généraux, ou plutôt faute de généraux, Dupleix rencontre des revers. Arcate fut perdu, d'autres conquêtes encore ; son armée restait prisonnière des Anglais ; vaguement on parlait de révolte dans le Dékan ; les murmures, les accusations recommencèrent ; on eut peur, et on réclamait la paix à grands cris. Les directeurs de la Compagnie écrivaient « qu'ils attendaient avec la plus grande impatience d'apprendre que la paix règne sur la côte de Coromandel. »

Mais Dupleix n'était pas homme à quitter la lutte pendant qu'il restait une ombre d'espoir, et il sentait encore chez lui de ces ressources inépuisables du génie. « Quelques jours encore et j'aurai reconstitué une armée, dit-il. Je n'ai pas été battu parce que mes plans sont mauvais ; ma politique n'est ni chimérique ni téméraire. Mon prestige est compromis, non détruit. Je puis le reprendre, si j'ai un général et quelques succès.

« La seule alternative redoutable, c'est une marche de Méhémet-Ali sur Pondichéry ; mais les Anglais n'oseront pas violer le territoire de la Compagnie alors que la France et la Grande Bretagne sont en paix, et, seul, le Nabab ne tentera jamais l'attaque d'une place dont les canons ont repoussé Boscawen.

« Enfin, il y a d'autres obstacles plus sérieux encore pour arrêter Méhémet-Ali. Le premier, le plus fort, c'est la discorde qui va éclater dans le camp ennemi. Je connais les Hindous, et je suis sûr que le dissolvant le plus certain de leurs coalitions c'est la victoire ! Voilà mon plus redoutable moyen de défense. »

Et Dupleix ne se trompait pas, la discorde, en effet, ne tarda pas à éclater entre Méhémet-Ali et les Anglais. Mme Dupleix, alors ministre des affaires étrangères, avec sa perspicacité de femme et de diplomate trouva le moment bon pour agir sur les esprits des mécontents. Elle parvint à détacher de l'alliance anglaise plusieurs princes indiens, et fit plus encore, elle créa pour son mari au cœur même de l'Inde une sorte de ligue française. Et bientôt les Anglais, se virent non seulement abandonnés de leurs alliés hindous, mais bloqués par eux à Trichinapaly.

Grâce à l'énergie du Gouverneur et à l'habileté de sa femme, l'orage était donc détourné encore une fois, et Dupleix continue la lutte avec plus de vigueur que jamais. Il réorganise sa petite armée, combine ses opérations, et cherche à consolider et à resserrer ses relations avec les puissances indiennes, car il avait foi dans le succès final.

Au milieu de ses travaux de reconstitution et de raffermissement on lui annonce que le Dékan est envahi par cent mille hommes. C'est Bussy, son lieutenant, découragé au point de songer déjà à une retraite, qui le lui apprend ; l'homme qui l'avait le mieux compris et le plus secondé dans son œuvre, l'acteur le plus brillant de cette merveilleuse conquête du Dékan, et sur lequel Dupleix comptait comme sur lui-même.

Un instant, il se sentit comme frappé au cœur, car lui aussi doutait. Mais ce mouvement de découragement passa comme un éclair, la volonté et l'espoir prirent le dessus et il se redressa aussi fort et aussi ardent que jamais. Il écrivit à Bussy, l'encourageant et le rassurant, lui donnant des conseils et des ordres précis. Il lui envoya en même temps un secours de 300 hommes. Bussy, réchauffé par les paroles et l'attitude de son chef, reprit confiance et se jeta résolument, énergiquement dans la lutte. La campagne fut rude, mais sous l'inspiration de Dupleix, Bussy fit des merveilles, et la convention signée à la suite de ces troubles rendait les Français « maîtres des plus grands domaines en étendue et en valeur qui eussent jamais été possédés par des Européens. » *

En France, cependant, malgré ces conquêtes et ces résultats vraiment prodigieux, Dupleix n'était pas compris. On le traitait volontiers de tyran, de fou dangereux ; on lui reprochait son orgueil, son ambition et son avidité. Les directeurs en avaient assez, et même trop de ses conquêtes. Toute cette politique et ces guerres devaient nuire au dividende, et la Compagnie l'avait envoyé là-bas pour gagner de l'argent, non pour fonder un empire français.

Au commencement de 1752 les directeurs lui écrivaient : « Il est temps de borner l'étendue de nos concessions dans l'Inde. La Compagnie craint toute augmentation de domaine. Son objet n'est pas de devenir une puissance de terre. »

Dupleix, qui se préoccupe de l'honneur et de la gloire du roi, et des avantages de la nation, « demeure stupide » devant ces déclarations inouïes. Assurément on ne sait pas clairement de quoi il s'agit, il y a eu quelque malentendu.

Il faut que sans retard le Roi et la Compagnie soient informés fidèlement, et à cette fin, « pour représenter le vrai des choses et le nécessaire, » il envoie à Versailles un de ses officiers, d'Autheuil.

En attendant le résultat de la mission, Dupleix

---

* *Un essai d'Empire français dans l'Inde au 18ᵉ siècle*, par Tibulle Hamont.

continue à travailler et à lutter avec une énergie superbe, n'ayant cependant que des troupes détestables, ses dernières recrues étant comme il dit lui-même « un ramassis de la plus vile canaille », des officiers d'une incapacité notoire, et point d'argent. Méconnu, abandonné, il ne désespère encore pas, et ne quittera la lutte que lorsque la patrie elle-même le frappera.

D'Autheuil s'acquitta dignement et consciencieusement de sa mission auprès du Roi. Il plaida avec ardeur et éloquence la cause de Dupleix, — qui était celle de la France, — exposa clairement les vues et projets de Dupleix, démontra qu'il n'y avait rien de chimérique dans cette grande idée d'un empire français qui s'étendrait aux portes mêmes de Delhi. Il parla de l'œuvre déjà accomplie, des victoires brillantes, et des conquêtes merveilleuses obtenues avec rien, et puis des conséquences de ces conquêtes qui seraient pour la France la gloire, la richesse et une puissance immense, et encore cette expansion de la race française en Orient qui serait d'une importance si grande pour le pays.

Louis XV et Mme de Pompadour avec leur cortège de beaux courtisans se moquèrent bien un peu de ce pauvre brave homme qui prenait souci de la grandeur de la France, et puis les directeurs craignaient pour leur dividende et réclamaient la paix à n'importe quel prix, les actionnaires de leur côté craignaient pour leurs actions, et D'AILLEURS LES ANGLAIS ÉTAIENT MÉCONTENTS DE LA CONDUITE DE DUPLEIX ! On envoya donc une ambassade à Londres pour régler ces affaires coloniales ! Il fallait à la longue en finir avec ces histoires de l'Inde ; il devenait gênant, ce Dupleix !

Les Anglais accueillirent avec joie ces envoyés de la cour française et on entama les négociations. Le cabinet britannique déclara que la guerre avait eu pour seule cause l'orgueil et l'ambition toute personnelle de Dupleix, et que le seul moyen de faire cesser les troubles était de le sacrifier.

Ils appréciaient et redoutaient le génie de cet homme, ils sentaient que, tant qu'il resterait dans l'Inde, l'Angleterre n'y aurait pas la première place. Donc, rappeler Dupleix, ou soutenir la guerre avec l'Angleterre, la France pouvait choisir. Et Louis XV choisit avec une indifférence cynique et une ingratitude parfaite. Un Traité fut conclu avec l'Angleterre, stipulant le rappel des deux Gouverneurs, français et anglais, et leur remplacement par deux commissaires.

Le successeur de Dupleix était un nommé Godeheu, nature bassement hypocrite et vile, et intelligence bornée. Il s'embarqua avec une suite de 2,000 hommes ; la moitié aurait suffi à Dupleix pour faire un empire.

Il avait en poche l'ordre suivant : « Il est ordonné au sieur Godeheu, commissaire de Sa Majesté et commandant général des établissements français aux Indes orientales, et en cas de décès au chevalier Godeheu, de faire arrêter le sieur Dupleix et de le faire constituer sous bonne et sûre garde, dans tel lieu qu'il jugera convenable, et de le faire embarquer sur le premier vaisseau qui partira pour France. Fait à Fontainebleau, le 22 octobre 1753. Signé : Louis, contresigné : Rouillé. »

De ce pays magnifique qu'il avait conquis pour la France, on le chassait honteusement comme un misérable malfaiteur.

Lorsque Dupleix apprit l'arrivée des navires français, il s'empressa d'aller au-devant de ses compatriotes, et franchement il souhaitait la bienvenue à celui qu'il appelait encore son ami, lorsque brusquement Godeheu lui mit en main son ordre de rappel signé du roi. — Dupleix le lut avec calme, et dit simplement « qu'il ne savait qu'obéir au roi et se soumettre à tout. » Un instant après il pria Godeheu « de lui remettre d'autres ordres, s'il en avait à lui intimer, en l'assurant qu'il les recevrait avec la même constance que les premiers. »

De suite on réunit le conseil, car Godeheu eut hâte de prendre possession et de se montrer maître. Il lut alors lui-même les ordres de la Compagnie et du Roi. On l'écouta froidement sans daigner l'interrompre, et, lorsqu'il eut achevé, personne ne bougea, chacun parut atterré, consterné. Ce fut Dupleix qui rompit ce silence devenu pénible, presque effrayant. Il se leva, et gravement, d'une voix sonore, il s'écria : « Vive le Roi. »

Cette attitude digne exaspéra Godeheu. Il aurait voulu que Dupleix fît quelque acte de violence, et qu'il se révoltât contre les ordres du Roi. Auprès de lui d'ailleurs il se sentit petit et ridicule, et cette supériorité lui était insupportable, à lui le maître ; aussi, il résolut de s'en venger. Il interrogea les hommes de confiance de Dupleix et les fit parler dans l'espoir de trouver quelque tache, quelque irrégularité dans sa conduite, mais l'honneur était intact, son nom pur ; partout et toujours Dupleix s'était montré loyal, intègre, bon Français. Ne pouvant ternir son nom il s'attaqua à sa fortune et parvint, en effet, à la ruiner.

Ne recevant point d'argent de France, Dupleix avait avancé pour les affaires publiques toute sa fortune personnelle. Godeheu refuse de le rembourser, embrouille les choses à plaisir, et manœuvre si bien que Dupleix en quittant l'Inde fut obligé de mendier quelques roupies.

De retour en France il pensa bien trouver justice ; il espéra même n'avoir pas quitté l'Inde pour toujours. Mais les semaines et les mois se passèrent sans rien apporter. On le tournait en ridicule ; il se trouvait dans la misère et on le raillait. Dans les premiers jours de novembre 1763 il écrivait : « J'ai sacrifié ma jeunesse, ma fortune, ma vie, pour enrichir ma nation en Asie. D'infortunés amis, de trop faibles parents consacrèrent leurs biens au succès de mes projets. Ils sont maintenant dans le besoin. Je me suis soumis à toutes les formes judiciaires ; j'ai demandé, comme le dernier des créanciers, ce qui m'était dû. Mes services sont traités de fables ; ma demande est dénoncée comme ridicule ; je suis traité comme l'être le plus vil du genre humain. Je suis dans la plus déplorable indigence ; la petite propriété qui me restait vient d'être saisie ; je suis contraint de demander une sentence de délai pour éviter d'être traîné en prison. »

Quelques jours après il mourut.

Dans l'Inde les choses allaient vite, tout cela s'écroulait, s'écroulait !.. avec une rapidité effrayante.

Par la première convention que signa Godeheu, en se félicitant encore de son succès, la France perdait tout droit sur le Carnate. Saint-David, Saint-Georges et Devicotte restaient définitivement aux Anglais. « Elle proposait encore que les villes de Mazulipatam et de Divy appartenant l'une et l'autre aux Français, fussent indivises entre les deux puissances rivales. »

« C'était-là, dit l'Anglais Malleson, des conditions non seulement désavantageuses aux intérêts français, mais encore dégradantes pour l'honneur de la France ». Godeheu n'hésite cependant pas à les accepter, il signe la convention la joie au cœur, et Louis XV avec Mme de Pompadour applaudissent.

Avec Dupleix meurt notre puissance dans l'Inde. Après Godeheu, de triste mémoire, arrive Lally Tollendal, brave et honnête à coup sûr, mais maladroit, ignorant et sans jugement. Il ne connaissait rien de la politique indienne, et ne comprenait pas les grands projets, les larges vues de Dupleix. Il dédaigna les alliances indigènes, et ne tarda pas à s'aliéner les quelques amis restés fidèles à la cause française. Les premières opérations néanmoins réussirent; il prit la forteresse de Cuddalore, puis le fort Saint-David, mais pour profiter de ces victoires il aurait fallu agir promptement et avec énergie, expulser les Anglais de toute cette contrée et se rendre maître de Madras, leur capitale. Malheureusement, pour ce faire, Lally aurait eu besoin de la flotte, et la flotte, sous le commandement d'Aché, homme incapable et insouciant, s'amusait sur les côtes de Ceylan. D'autre part, les subordonnés de Lally mécontentés par sa maladresse et ses manières hautaines l'abandonnèrent, les Hindous lui tournèrent le dos, et, dans cette extrémité, il rappela Bussy, fort occupé alors à surveiller sa conquête du Dékan. C'était une grave faute qui fit grande joie aux Anglais. Aussitôt ceux-ci dirigèrent des forces considérables contre Mazulipatam, qui dût se rendre.

Bussy demanda, suppliant, la permission d'y retourner, mais Lally s'entêta à le garder auprès de lui, et la discorde se mit dans les troupes. Il se forma deux partis, d'un côté celui de Lally, de l'autre celui de Bussy.

D'échec en échec, le Gouverneur se trouva bloqué à Pondichéry, où il se défendit vaillamment il est vrai, mais, le 14 janvier 1761, décimée par la famine, la ville fut obligée de se rendre. Garnison et habitants furent renvoyés en Europe, et Pondichéry détruite de fond en comble. C'était la dernière place où flottait le pavillon français.

En 1761, la honteuse paix de Versailles fit

rentrer Pondichéry sous la domination française, et pendant les quinze années de paix qui s'ensuivirent la ville se releva peu à peu de ses ruines, mais ce ne fut que pour retomber de nouveau entre les mains des Anglais, qui se trouvèrent ainsi les seuls maîtres de la péninsule, ou du moins sans rival européen.

Mais alors se réveille l'énergie des peuplades indigènes, Hyder-Ali, roi de Mysore, brave, entreprenant, d'une haute valeur militaire et admirateur passionné de Dupleix et de la France, soulève contre la puissance anglaise une grande partie de l'Hindoustan et pousse ses armes jusque sous les murs de Madras.

A ce moment il aurait fallu le soutenir par des renforts sérieux.

La France lui envoie quelques centaines de repris de justice, et des chefs choisis avec sollicitude parmi les plus incapables. C'était dérisoire !

A la fin, cependant, le cabinet de Versailles se rend compte de l'énormité de la faute commise. On envoie de France des renforts considérables sous le commandement du bailli de Suffren ; mais il était trop tard ; ni les brillantes victoires de cet homme de talent, ni les efforts de Tippoo-Saïb, fils de Hyder-Ali, qui avait hérité de son père la haine des Anglais, ne purent rétablir notre puissance perdue.

De toutes nos possessions, de tout ce vaste empire conquis et créé par le génie de Dupleix, il ne nous reste plus aujourd'hui que cinq villes et quelques comptoirs. Ces villes sont *Pondichéry, Yanaon, Karikal, Chandernagor et Mahé.* Leur superficie totale est de 508 kilomètres carrés, tandis que celle de l'Inde anglaise s'élève à 3.600.000 kilomètres carrés, non compris la Birmanie anglaise. Leur population compte 275.000 âmes, celle de l'Inde Anglaise est de 240 millions. Leur commerce extérieur monte à 30 millions, celui de l'Inde anglaise à plus de 3 milliards et demi.

A coup sûr, les Indiens d'aujourd'hui sont plus heureux que lorsque les bandes de Mahrattes parcouraient le pays en le ravageant ; aussi bien reconnaissent-ils la sagesse des lois anglaises, néanmoins ils n'éprouvent pour leurs maîtres actuels aucune sympathie. Encore aujourd'hui ils les considèrent comme des conquérants, des étrangers, et non comme des frères aînés venus pour les soutenir et les guider. C'est que l'Anglais se fait craindre. Le Français avec son respect pour le principe des nationalités, avec ses idées de fraternité se serait fait aimer ; il aurait fait marcher de front les intérêts moraux et intellectuels avec les intérêts purement matériels. C'est ainsi, pacifiquement, en s'appuyant sur l'amitié du peuple annamite, que Paul Bert voulait conquérir notre Tonkin.

N'oublions pas, qu'au point de vue matériel, les Anglais, ces colonisateurs par excellence, n'ont fait que mettre en pratique le système politique de Dupleix, mais n'oublions pas davantage que l'Angleterre a su voter en temps utile des crédits, et envoyer aux siens des renforts suffisants. C'est par cette prévoyance, cette promptitude dans la volonté qu'elle nous a été supérieure. Tâchons de profiter de notre dure leçon ; que la France prenne garde, qu'elle ne laisse pas échapper de la sorte un second empire d'Orient. Parmi nos jeunes Français se trouve peut-être un nouveau Dupleix !

※

L'INDO-CHINE

LA COCHINCHINE, LE CAMBODGE, LE TONKIN
ET L'ANNAM

LA COCHINCHINE

Nos ancêtres les Gaulois étaient d'humeur voyageuse, ils aimaient les aventures et les entreprises lointaines. Avant l'ère chrétienne, nous les voyons partir en bandes immenses pour la conquête du monde, franchissant les Alpes ou les Pyrénées, s'emparant de Rome, remplissant l'Allemagne et la Grèce du bruit de leurs armes, traversant le Bosphore, et fondant des Colonies jusqu'en Asie Mineure.

Et les petits-fils de ces vieux Gaulois ont bien gardé quelque chose de cet amour du nouveau, de cet esprit d'audace et d'entreprise. Encore aujourd'hui nous les voyons s'en allant au loin, se lançant dans l'inconnu et créant de par le monde de jeunes et nouvelles France.

Depuis quelques années le drapeau français flotte sur les rives du Niger ; nous avons pris pied sur les bords du Congo, et, là-bas, dans l'Extrême-

Orient nos braves soldats luttent vaillamment pour les intérêts et l'honneur de la vieille patrie française. Un jour peut-être ils rendront à la France quelque chose de sa grandeur d'autrefois, quelque chose de cette si belle couronne coloniale que Louis XV, l'infâme, lui a enlevée.

Déjà même ils ont commencé la restauration, et la Cochinchine française donnant la main au Tonkin français prépare à notre commerce et à notre industrie de grands et importants débouchés.

Notre Cochinchine française est située à la pointe méridionale de l'Indo-Chine. Autrefois elle faisait partie du royaume d'Annam qui, jusqu'à notre conquête de Saïgon, se composait de trois parties bien distinctes : le Tonkin, au nord, la Basse-Cochinchine, au sud, et la Moyenne-Cochinchine au milieu. La capitale du royaume était alors comme aujourd'hui, Hué.

Quoique Colonie Française, seulement depuis 1858, nos rapports avec ce pays remontent assez loin. Colbert avait cherché à y fonder des comptoirs ; puis Dupleix, et enfin le roi Louis XVI s'en étaient occupés.

Sous le règne de ce dernier, l'Annam fut bouleversé par une grande insurrection. L'Empereur Gia-Long détrôné et chassé, trouva asile près d'un évêque français, Mgr Vignaux, qui lui persuada de demander secours à la France. Louis XVI répondit à son appel avec empressement, et un traité fut signé à Versailles, aux termes duquel le roi de France devait envoyer à Gia-Long 20 bâtiments de guerre, 7 régiments et de l'argent. De son côté, si Gia-Long remontait sur le trône, il devait céder à la France la ville et la Baie de Tourane, avec les îles de Poulo-Condore, accorder la liberté de commerce à tout sujet français et de plus fournir une armée de 60,000 hommes, si notre territoire concédé était attaqué.

Malheureusement ces beaux projets n'eurent pas de suite. L'importance de notre grande Révolution fit oublier un instant les entreprises coloniales. La France avait besoin de ses enfants chez elle, et on ne put envoyer les forces promises. On parvint cependant à prêter deux navires de commerce, et quelques officiers fort distingués partirent pour la Cochinchine. Ceux-ci rendirent de grands services à Gia-Long, disciplinant et organisant son armée, et c'est grâce à leur concours qu'il put reconquérir son trône.

Il s'en montra toujours reconnaissant. Jusqu'à sa mort, les Français furent accueillis dans son royaume avec la plus grande bienveillance, leur commerce favorisé, et il refusa à l'Angleterre l'expulsion de deux officiers français. Cependant une de ses dernières recommandations à son héritier était : « Mon fils, aime les Français, sois leur reconnaissant de ce qu'ils ont fait pour nous, mais ne leur permets jamais de mettre le pied dans ton empire. »

Pour obéir aux injonctions paternelles le jeune prince commença par persécuter et chasser impitoyablement tout étranger. Même les Français venus au secours de son père durent quitter le pays. Sous les règnes suivants les persécutions continuèrent ; plusieurs missionnaires furent mis à mort, et enfin sous l'Empereur Tu-Duc les choses arrivèrent à tel point qu'il nous fallut prendre les armes.

Le gouvernement français commença par réclamer, mais Tu-Duc ne daigna pas répondre à nos lettres. Plus tard il refusa même de recevoir notre Représentant, et il y eût à ce moment un commencement d'hostilités, mais sans résultat. Tu-Duc soutenu par la Chine ne voulut pas céder ; il refusait obstinément d'entrer en négociations avec nous, et comme nos forces n'étaient pas suffisantes pour l'y obliger, il fallut se retirer.

Cette retraite ne fit qu'augmenter l'insolence et les persécutions de notre ennemi. Dans un nouvel édit de proscription il disait effrontément : « Les Français aboient comme des chiens et fuient comme des chèvres. » — Ailleurs il faisait annoncer par ses mandarins que des barbares d'Europe étaient venus avec un navire à feu jusqu'au fort de la capitale ; mais qu'ils avaient eu la bonne idée d'en repartir aussitôt, échappant ainsi par une prompte fuite au châtiment mérité. — Vers ce moment aussi, il fit exécuter au Tonkin deux prélats espagnols, et c'est à la suite de ces évènements que la France, de concert avec l'Espagne, résolut d'envoyer là-bas une expédition.

L'Amiral Rigault de Genouilly prit le commandement de notre petite flotte, et le 31 août 1858 elle entrait dans la superbe baie de Tourane. L'Amiral somma les mandarins de rendre la ville et les forts dans le délai de deux heures.

Comme au bout de ce temps il n'avait pas eu de réponse, il bombarda la place, et en moins d'une heure le feu ennemi était éteint, les Annamites délogés, et les Français maîtres des positions.

Ceci fait, l'Amiral tourne son attention vers Saïgon, chef-lieu de la Basse-Cochinchine, et place infiniment plus importante pour nous que Tourane. Le 2 février (1859) il part, dirige ses opérations contre cette ville, devant laquelle il arrive le 15 au soir, après une véritable marche triomphale. En passant nos troupes avaient attaqué et enlevé 7 forts annamites.

La ville de Saïgon, fortifiée du temps de Gia-Long par des ingénieurs français venus à son secours, était défendue au sud par deux forts bâtis à l'européenne, et au nord par la citadelle, énorme tour carrée et bastionnée.

Aussitôt notre escadre à portée de canon, les deux forts du sud ouvrirent le feu. L'un d'eux fut enlevé et démantelé le soir même, et l'autre le lendemain matin. Il ne restait donc plus que la citadelle. Celle-ci riposta très vigoureusement au feu de notre escadre, mais fut bientôt réduite au silence par l'habileté de nos artilleurs, qui cependant tiraient au jugé, car la citadelle était tellement masquée par des bois et des jardins qu'on ne la voyait pas de la rivière.

Après avoir éteint le feu, un corps de débarquement fut mis à terre, on forma des colonnes d'assaut, et à dix heures les nôtres escaladaient les murs du fort sur de grandes échelles de bambou. Saïgon et sa citadelle étaient à nous.

On trouva dans la place un véritable arsenal,

200 bouches à feu, 85,000 kilos de poudre, 20,000 sabres et fusils, plomb, soufre, salpêtre en grande quantité, des équipements militaires, du riz pour nourrir 7 à 8,000 hommes pendant une année, et une caisse contenant environ 130,000 fr., en monnaie du pays, etc.

Mais nous n'avions pas encore fini avec les Annamites. La guerre d'Italie et l'expédition de Chine vinrent à ce moment diminuer nos forces en Cochinchine. Il fallut évacuer Tourane pour se concentrer à Saïgon, et même là nous n'avions que 800 hommes.

L'ennemi profita de notre faiblesse et se mit à l'œuvre. On entoura Saïgon de retranchements, fermant si bien toutes les routes et tous les passages, que notre petite garnison fut complètement bloquée et resta six mois sans nouvelles de l'extérieur. Puis devenant audacieux, les Annamites tentèrent même un assaut de vive force.

Heureusement l'expédition de Chine ne fut pas de longue durée, et l'arrivée de l'amiral Charner avec 3,000 hommes permit de reprendre la lutte avec vigueur.

Le premier soin de l'amiral fut de reconnaître la plaine de Ki-Hoa, au nord de Saïgon, où l'ennemi s'était retranché et de l'arrêter. Son plan de campagne consistait à séparer l'armée annamite de ses magasins, et de l'enserrer de façon à ne lui laisser d'autre alternative qu'une grande lutte. Ses mesures une fois prises, l'action ne traîna pas. Au bout de trois jours les lignes de Ki-Hoa étaient à nous. Les Annamites avaient perdu plus de 1,000 hommes, leur général en chef était blessé, et le gros de l'armée avait pris la fuite.

Cette victoire de Ki-Hoa fut suivie d'autres qui nous rendirent maîtres non seulement de Saïgon, mais de toute la province de Gia-Dinh.

Nos soldats se montrèrent à ce moment admirables d'énergie. « Dans l'espace de quinze jours l'armée expéditionnaire avait livré cinq combats, fourni douze reconnaissances, marché sous un ciel d'airain, malgré des influences meurtrières, vécu de biscuit, bu de l'eau souvent malsaine, veillé la nuit presque toujours, à cause des piqûres empoisonnées des moustiques et des fourmis de feu. »

Mais la saison des pluies était arrivée : il fallut suspendre les hostilités et se contenter de surveiller le terrain conquis. A la fin de l'année seulement la campagne active recommença, et avec un tel succès pour nos armes que Tu-Duc s'avoua vaincu, et demanda la paix ; et le 5 juin 1862 un Traité fut signé à Saïgon, par lequel il cédait à la France les trois provinces orientales de la Basse-Cochinchine, et ouvrait au commerce européen trois ports dans le Nord.

Mais nous avions affaire à un ennemi aussi fourbe qu'insolent et brutal. Ce traité était à peine signé qu'il cherchait à soulever contre nous ses anciens sujets des provinces conquises. Les trois ports spécifiés dans le traité étaient toujours fermés au commerce, les persécutions contre les missionnaires recommencèrent, et grâce à ses manœuvres, l'insurrection devint si générale qu'il fallut des renforts pour la dompter.

Tu-Duc regrettait amèrement ses trois provinces perdues, et envoya une ambassade à Paris demander au gouvernement français de les lui recéder ce moyennant une indemnité d'argent.

Mais la France entendait garder sa jeune Colonie, et refusa ses propositions.

Furieux de son échec, Tu-Duc redoubla d'intrigues et de persécutions, nous créant partout des difficultés et des ennemis. Il attaqua Norodom, roi du Cambodge, qui était venu se mettre sous notre protectorat, et ne perdit pas une occasion pour rendre notre position pénible, espérant aussi nous lasser et nous faire quitter le pays.

Les trois provinces occidentales de la Basse Cochinchine étaient à ce moment de véritables foyers de révoltes. Les rebelles dispersés par nos troupes allaient se réfugier là, et organisaient tout à leur aise de nouveaux troubles.

Il devint évident que nous ne pourrions avoir la paix que le jour où ces provinces seraient bien à nous, terre française ; aussi l'Amiral de la Grandière eût l'autorisation de les réunir à notre Colonie, ce qu'il fit sans seulement tirer un coup de fusil.

Une expédition avait été organisée avec le plus grand mystère, et le 20 juin (1867) nos soldats entraient en pays ennemi, mais partout le vice-roi des provinces de l'ouest avait donné ordre aux gouverneurs de faire leur soumission pour éviter une inutile effusion de sang. D'ailleurs les populations laissées à elles-mêmes avaient pour nous de grandes sympathies, et trois jours plus tard, le 24 juin 1867, le drapeau français flottait sur toute la Basse Cochinchine.

Depuis ce moment, à part la révolte de 1872, nous vivons en paix avec notre jeune Colonie, et la France poursuit avec ardeur son œuvre de civilisation et de relèvement, organisant et assainissant le pays, instruisant les enfants, et faisant partout aimer et respecter le nom français.

La Cochinchine est actuellement la seule de nos Colonies qui ne coûte rien, et rapporte à la Métropole. Son sol est merveilleusement riche et admirablement situé, sur le chemin de l'Inde à la Chine et au Japon, non loin des Philippines, à proximité du Siam. C'est le débouché naturel des produits laotiens.

Depuis la conquête, l'Administration française s'est occupée d'améliorer et développer les voies de communication. On a coupé des routes, creusé des canaux, tracé des chemins de fer, établi des réseaux télégraphiques, construit des ponts ; une ligne ferrée va de Saïgon à Mytho, un tramway à vapeur fait le trajet entre Saïgon et Cholon, et en ce moment on en organise un autre entre Saïgon et Govap, tandis que les bateaux à vapeur des Messageries fluviales de Pnom-Penh à Battambang donnent des résultats satisfaisants.

La liberté d'exportation et d'importation que nous avons apportée a donné au commerce un grand essor. L'agriculture elle-même s'en est ressentie, car le cultivateur, sûr de vendre avantageusement ses produits, s'est appliqué à perfectionner ses procédés, et à faire rendre à la terre son maximum.

Les principaux articles d'exportation sont : riz, poissons, coton, soie grège, ivoire, plumes, peaux, écaille, gomme laque, etc.

Sachant que le relèvement dans un peuple commence toujours par l'instruction, notre Colonie a fait de grands sacrifices pour la répandre largement et la faire pénétrer partout. A notre arrivée elle n'existait pour ainsi dire pas ; elle était nulle. Au mois de janvier 1886 on comptait en Cochinchine 10 écoles françaises pour garçons, 7 pour filles, 16 écoles d'arrondissement avec 24 professeurs européens, 219 écoles cantonales, 91 communales, 426 écoles où l'on enseignait des caractères chinois et 68 écoles congréganistes.

Le peuple annamite est amoureux de science, et l'instruction chez lui est tenue en haute estime. Une mesure des plus heureuses et des plus importantes pour nous est l'introduction du *Quoc-ngu*, système d'écriture où l'on remplace par des caractères latins, les caractères chinois si longs à apprendre. En effet ceux-ci sont de 80,000 environ tandis que les caractères latins précis et peu nombreux sont vite appris, et permettent aux élèves de lire et d'écrire très rapidement. En même temps l'étude de la langue annamite est grandement facilitée pour les Européens, et peu à peu nous pourrons nous affranchir des interprètes, pour entrer en relations directes avec les indigènes, chose d'intérêt capitale, car il n'existe peut-être pas de moyen de rapprochement et de fusion plus puissant que celui de la communauté de la langue. C'est ce qu'a fort bien compris le Prince de Bismarck, lorsqu'il a interdit l'étude du français dans les écoles d'Alsace-Lorraine.

A côté de ces progrès intellectuels, la Colonie s'est préoccupée du bien-être matériel des habitants. La vaccine, introduite depuis quelques années, a beaucoup diminué la mortalité causée par la variole qui avec la dyssenterie est la grande maladie de ce riche pays. On a desséché des marais, assaini les villes, et on s'efforce d'établir des règlements de police pour améliorer l'hygiène dans les campagnes.

En un mot, progrès matériel, et relèvement moral du peuple annamite, grandeur et puissance de la France au dehors, avec débouchés nouveaux pour son industrie et son commerce, voilà ce que cherche le Français dans ce pays lointain de l'Extrême-Orient, où les résultats déjà obtenus légitiment de grandes espérances pour l'avenir.

LE CAMBODGE

Le royaume du Cambodge, situé au Nord de notre Cochinchine française est un débris du grand empire des Khmers jadis si florissant. Au temps de sa splendeur il s'étendait sur toute l'Indo-Chine, jusqu'à Sumatra, dit-on. Dans l'intérieur du pays, au milieu des forêts, on trouve de gigantesques et merveilleuses ruines qui attestent une civilisation puissante et avancée. Les temples d'Angkor, consacrés aux dieux hindous, sont parmi les plus beaux monuments connus au monde. Mais nous ne savons que très vaguement l'histoire de ce peuple venu probablement des bords du Gange.

Au XIIIe siècle, le tiers de la péninsule indochinoise appartenait encore aux Cambodgiens, mais des guerres malheureuses diminuèrent peu à peu leur territoire, si bien qu'en 1863, lorsque pour se soustraire à leurs ennemis ils se jetèrent dans les bras de la France, le royaume ne comptait pas plus de 100,000 kilomètres carrés, c'est-à-dire la valeur environ de cinq ou six de nos départements français.

A ce moment-là le Cambodge gémissait sous le double joug des Annamites et des Siamois qui, chacun tirant de son côté, prétendaient à la suzeraineté du pays. L'amiral de la Grandière, alors Gouverneur de la Cochinchine, trouva l'occasion favorable pour augmenter l'influence française. Il comprit fort bien que si le Siam parvenait à se rendre maître du Cambodge, ce serait au détriment de nos possessions de Cochinchine, puisque les produits du Laos, au lieu de passer par le Mékong, passeraient alors par voie du Ménam ; et Saïgon ne recevant plus de marchandises, perdrait considérablement de son importance. C'est pourquoi il envoya auprès du roi Norodom le brave et savant capitaine Doudart de Lagrée, pour lui offrir la protection de la France. Les négociations, habilement conduites, réussirent pleinement : Norodom accepta notre protectorat, et pour sceller notre amitié commença par nous céder une importante position sur le Mékong, où nous avons aujourd'hui un dépôt de charbon.

Depuis ce temps on a encore et plus étroitement resserré ce lien de protectorat. Au mois de juin 1884 une nouvelle convention fut signée par notre Gouverneur M. Thomson, par laquelle Norodom s'engage à accepter toutes les réformes administratives et autres qu'il plairait à la France de proposer. Notre représentant au Cambodge qui porte le titre de Résident général fait appliquer les règlements, et c'est lui qui prépare le budget pour le soumettre au Gouverneur de la Cochinchine dont il dépend. Les impôts sont perçus par des Français, les Douanes sont entre leurs mains ainsi que les Travaux publics, mais en dehors de cela les provinces sont administrées par des mandarins Cambodgiens. La nouvelle convention abolit l'esclavage qui jusqu'alors existait dans le pays.

En somme, Cambodgiens et Français ont tous deux gagné à ce traité de 1874 qui assure aux uns paix et sécurité, aux autres un grand développement de commerce et une influence plus considérable dans l'intérieur de la péninsule.

Le Cambodge est arrosé par un grand beau fleuve, le Mékong, et par un affluent important. Les productions et exportations sont, à peu de chose près, celles de la Cochinchine : riz, poisson, peaux, bois d'ébénisterie, etc. Le chiffre des exportations atteint de 6 à 7 millions. La population est de 950,000 âmes.

Les villes principales sont la capitale actuelle *Pnom-Penh*, fort bien située au point de vue commercial, *Oudong*, l'ancienne capitale, et *Kampong-Luong*, marché important non loin de Pnom-Penh.

TONKIN ET ANNAM

Le Tonkin, borné au Nord par la Chine et au sud par l'Annam, fait partie de ce dernier royaume. C'est une belle et fertile contrée, traversée par un cours d'eau qui va prendre sa source dans le Yunnan, une des plus belles provinces de la Chine méridionale, pays merveilleusement riche en produits métallurgiques.

Malheureusement ces richesses sont à peine exploitées, elles dorment là inutiles, parce que les moyens de transport manquent. Les Anglais, très désireux d'attirer vers l'Inde le courant commercial et industriel d'une grande partie de la Chine, avaient organisé plusieurs expéditions pour reconnaître le pays, mais ils ne trouvèrent aucune voie praticable. Les Français, de leur côté, avaient envoyé une mission pour explorer le Mékong, ce grand fleuve qui traverse l'Indo-Chine, mais l'expédition admirablement conduite par Doudart de Lagrée ne servit qu'à démontrer que ce vaste cours d'eau n'était pas encore le chemin cherché.

C'est en 1870 seulement qu'un Français ardent et entreprenant, Jean Dupuis, eût l'idée d'explorer le Fleuve Rouge ou Song-Coï qui arrose le Tonkin. Il ne demande ni escorte, ni autre chose ; seul avec son domestique chinois il s'installe sur sa petite barque et se met en route.

Partant du Yunnan il descend le fleuve, traversant des régions infestées de brigands, passant au milieu de peuplades hostiles et à demisauvages, rencontrant mille obstacles, de la nature et des hommes. Mais rien ne l'arrête ; à force d'habileté et d'audace il arrive jusqu'aux avant-postes annamites, où il peut constater à sa grande joie que, depuis Mang-Hao jusqu'à son embouchure, le fleuve est navigable.

Le problème était résolu, le but du voyage atteint, et Dupuis revint sur ses pas continuer son œuvre ; il s'agissait maintenant d'ouvrir au commerce le chemin trouvé. Il entre donc en relations avec les autorités du pays, et finit par les intéresser à son projet.

Les circonstances aussi vinrent l'aider. A ce moment le Yunnan était désolé par une insurrection musulmane, et Dupuis fut chargé par les autorités chinoises d'acheter en Europe armes et munitions, qu'il devait leur faire parvenir le plus promptement possible.

On lui donna des lettres de crédit pour l'Annam, pays vassal de la Chine, exigeant au nom du Céleste Empire suzerain qu'on lui ouvrît le Tonkin. Ceci obtenu, il fait voile pour la France, où, dès son arrivée, (au commencement de 1872) il rend compte au gouvernement de sa découverte et de ses projets commerciaux. Si la France dit-il, obtient le droit de naviguer sur le Fleuve Rouge, et d'établir des comptoirs à son embouchure, tous les produits de la Chine centrale passeront par là, et notre Colonie de Saïgon deviendra un des marchés les plus importants de l'Extrême-Orient. Il plaide tant et si bien sa cause que le Gouvernement français met à sa disposition un bâtiment de guerre et le charge de négocier avec la cour de Hué les conditions pour l'ouverture de cette nouvelle voie.

De retour au Tonkin, Dupuis se mit en relations avec les représentants du roi Tu-Duc, mais ceux-ci faisaient traîner les choses outre mesure, suscitant des embarras de tous genres, et Dupuis résolut de remonter le fleuve sans se soucier de Tu-Duc. Il voulait, coûte que coûte, remplir ses engagements envers les habitants du Yunnan; aussi, malgré pièges et menaces, il finit par atteindre son but. Laissant ses navires à Hanoï sous le commandement de M. Millot, il chargea son matériel sur des jonques chinoises et continua son chemin.

Au Yunnan il fut reçu par une véritable explosion de joie, et lorsqu'il voulut repartir, le général en chef des troupes chinoises lui offrit une armée de 10,000 hommes. Dupuis accepta seulement une escorte de 150 Chinois pour faire la police du fleuve, et les lettres du vice-roi ordonnant aux Annamites de le laisser circuler librement.

Ses engagements remplis vis-à-vis des Chinois, il redescendit à Hanoï où, pendant son absence, M. Millot avait grandement souffert de la haine et de la fourberie des mandarins. De plus, la cour de Hué avait envoyé des ambassadeurs au Gouverneur de la Cochinchine, se plaignant de la présence des Français au Tonkin, et le priant d'intervenir.

L'Amiral Dupré, notre Gouverneur, s'empressa de saisir cette occasion pour se créer des relations au Tonkin, et envoya immédiatement un jeune officier fort distingué, Francis Garnier, pour régler les affaires.

Et, ici, commence une campagne des plus étonnantes, incroyable d'audace, de talent et de bravoure.

Garnier quitte Saïgon le 11 octobre 1873, commandant une seule canonnière montée de 56 hommes, ayant comme armement trois pièces de 4. Il arrive à *Hanoï* où le mandarin suprême refuse de reconnaître sa mission, et se prépare activement à la lutte. En face de cette attitude Garnier ne se trouble pas, mais pose hardiment ses conditions. « J'attendrai la réponse jusqu'à six heures du soir, dit-il ; passé ce délai je prendrai telle détermination que je jugerai convenable. » La réponse n'arrivant pas, l'attaque de la citadelle fut décidée.

Les renforts envoyés à Garnier portaient le nombre de ses hommes à 214, tandis que la citadelle était défendue par 7,000 hommes environ.

Mais l'attaque fut menée avec une vigueur, un entrain et une habileté tels qu'en moins d'une heure nos 200 braves s'étaient rendus maîtres de cette citadelle formidable, ancienne capitale du royaume d'Annam, défendue par 7,000 hommes, et sans avoir à constater une seule mort ni même une blessure. Les pertes ennemies étaient de 80 morts, 300 blessés, et 2,000 prisonniers, dont plusieurs grands mandarins, y compris N'guyen, le mandarin suprême qui mourut quelques jours plus tard des suites de ses blessures.

Le premier soin de Garnier fut de réorganiser l'administration d'Hanoï; puis, comme il avait besoin du concours des autorités voisines, il envoya une reconnaissance sous les ordres de Balny d'Avricourt, lui donnant pour première mission d'exiger la soumission des mandarins d'Hung-Yen, et en second lieu de se rendre maître de *Phu-Ly*, place très importante au point de vue des communications.

Balny obtint la soumission de plusieurs autorités, puis pour obéir aux ordres de son chef, poussa jusqu'à Phu-Ly où il trouva porte close et barricades. De plus, les remparts étaient couverts de soldats armés.

On somme les Annamites d'ouvrir; le chef fait répondre qu'on va apporter les clefs, et Balny lui accorde dix minutes. Pendant ce temps un de ses officiers, M. de Trentinian, grimpe sur la porte de façon à voir dans la place, où il aperçoit mandarins et soldats fous de terreur, qui s'enfuient pêle-mêle dans la plus grande confusion. Aussitôt il en fait part à ses compagnons, puis suivi par ses hommes, il passe par-dessus le parapet à gauche de la porte, tandis que Balny en fait autant par celui de droite, et la petite troupe entre fièrement dans la place, et fait le tour des remparts.

Cette fois, les Annamites étaient 1,000, les nôtres 30 ; il avait fallu 10 minutes pour enlever la forteresse.

Au bout de dix jours les quatre départements de Ha-Noï étaient soumis, et la province de Hung-Yen avait accepté le Protectorat français. Mais la province la plus importante pour nous était celle de Haï-Dzuong, à cause de sa position et de ses excellents mouillages.

Après son succès de Phu-Ly, Garnier envoya donc Balny d'Avricourt savoir quelles étaient les dispositions du mandarin de Haï-Dzuong à notre sujet. Celui-ci, qui du reste travaillait activement à fortifier la citadelle, se permit de manquer d'égards envers le représentant de la France.

Balny chercha d'abord à négocier, mais les Annamites se montrèrent intraitables. Après plusieurs tentatives, convaincu d'ailleurs de la mauvaise foi des mandarins, il se décide à agir. « J'attendrai jusqu'à huit heures, dit-il, et si à ce moment, satisfaction n'est pas donnée, les hostilités commenceront. » A huit heures et demie n'ayant encore rien reçu, il fait tirer sur le fort, qui répond ; heureusement la bordée passe par dessus la canonnière sans faire de mal.

Les nôtres, intrépides, pleins de confiance, mettent pied à terre et manœuvrent si bien qu'à dix heures le pavillon français flottait sur les tours de *Haï-Dzuong*.

Après quelques jours consacrés à l'administration de la province M. Balny partit, laissant M. de Trentinian avec une quinzaine de soldats pour défendre la place. Il faut dire que toujours et partout le *peuple* tonkinois accueillait nos soldats à bras ouverts.

Pendant que Balny soumettait ainsi la province de Haï-Dzuong, son frère d'armes M. Hautefeuille faisait une reconnaissance à Ninh-Binh, citadelle située sur la rivière Daï et commandant la route de Hué à Ha-Noï.

Il était assez clair que le Gouvernement annamite enverrait des troupes au secours de ses partisans au Tonkin, lesquelles passeraient vraisemblablement par Ninh-Binh. Il s'agissait donc de se rendre maître de la place et de leur barrer le passage si c'était possible. M. Hautefeuille part avec un canot à vapeur, armé d'une pièce de 4, son équipage se composant de huit personnes.

Après deux jours de navigation, il est arrêté par un barrage en voie de construction, mais assez facilement on parvient à le détruire et le surlendemain au petit jour, il est en vue de *Ninh-Binh*, citadelle formidable, flanquée de deux forts, situés l'un et l'autre sur un rocher de trente mètres de haut.

A l'approche de notre redoutable flotte les Annamites s'ébranlent, descendent lestement au bord de l'eau et détachent leurs jonques pour pouvoir la cerner.

Hautefeuille manœuvre pour tirer, lorsque le malheur veut que son bateau s'échoue. Ce contre-temps ne l'épouvante pas outre mesure; avec une volonté peu commune, il se met à la besogne avec ses hommes, et finit par dégager son bâtiment, mais au moment où il se croit sauvé les tubes de la chaudière sautent. Nos hommes ne perdent pas la tête, avec un sang-froid imperturbable ils se laissent dériver jusqu'à la berge, trouvent moyen de sauter à terre, et là, bannière déployée, ils avancent fièrement sous les murs de la citadelle.

En chemin, M. Hautefeuille aperçoit un mandarin quelconque, c'était le Gouverneur de la place. Avec ses six hommes (il en avait laissé deux sur le bateau) il le fait prisonnier, le conduit dans la *Maison des Etrangers*, et là, le revolver d'une main, sa montre de l'autre, déclare que, « si dans un quart d'heure, lui, officier français, n'est pas escorté, dans la citadelle, de tous les mandarins, les troupes sur son passage à genoux, et les armes à terre, il lui brûle la cervelle. » Un quart d'heure après la capitulation est signée.

M. Hautefeuille, officier français, fait son entrée aux conditions voulues, et le drapeau français remplace les pavillons annamites.

Pendant ce temps, les habitants de la ville, enchantés, étaient venus apporter aux Français des bœufs et des porcs. Ils les voyaient arriver avec une joie qu'ils ne cherchaient pas à dissimuler.

Quelques jours plus tard, Garnier vint rejoindre M. Hautefeuille, mais à peine arrivé il repart. Il avait quitté Hanoï avec 40 hommes d'équipage et un détachement d'infanterie de marine, mais en chemin, à Phu-Ly, il avait appris que les troupes de Son-Tay avec les fameux Pavillons Noirs étaient en marche et déjà tout auprès d'Hanoï. Or, il avait laissé cette forteresse sous la garde de M. Bain, avec 34 marins seulement. Vite il avait débarqué son infanterie de marine avec ordre de rentrer à Hanoï le plus rapidement possible. Lui-même continue jusqu'à Ninh-Binh où il s'entend avec M. Hautefeuille, puis le lendemain repart pour *Nam-Dinh*.

Là, il rencontre une résistance sérieuse, les ennemis sont nombreux, la place est fortifiée de main de maître, et Garnier, avec ses 40 hommes, possède pour tous engins de simples fusils. Mais rien n'arrête ces braves, rien ne les épouvante ; avec une audace incroyable et superbe ils se moquent de toutes les difficultés, de tous les obstacles, et, au bout de quelques heures, ils restent maîtres de la place.

Grâce à cette victoire, tout le Delta était maintenant à la France. *Hanoï* était entre nos mains ainsi que *Hong-Yen — Phu-Ly — Ninh Binh — Haï-Dzuong* et *Nam-Dinh*.

Mais, pendant ce temps, les redoutables Pavillons Noirs avançaient toujours, ils s'étaient déjà emparés d'un fort tout auprès de Hanoï, et nos jeunes chefs comprirent qu'il fallait agir avec vigueur et promptitude. Une attaque générale contre Son-Tay fut décidée et préparée, mais avant le commencement des hostilités arrive une ambassade de la Cour de Hué, demandant à négocier avec le chef de l'expédition française, Garnier alors renonce à l'attaque immédiate et proclame aux habitants la suspension d'armes. Les ambassadeurs eux-mêmes se chargeaient d'annoncer cette nouvelle à l'armée de Son-Tay.

Le lendemain ils reviennent arrêter les conditions d'un traité de paix, mais à l'heure même où ils discutaient, on vient prévenir Garnier que les Pavillons Noirs sont en marche pour attaquer la citadelle. A l'instant il est sur pieds et court se mettre à la tête de ses hommes.

Déjà 5 ou 600 Chinois tenaient la route à peu de distance de la citadelle et, derrière eux, plus loin 2.000 Annamites. Les Chinois, très habilement postés derrière les buissons et dissimulés par les maisonnettes d'un hameau, avaient déjà ouvert le feu. Ils attaquaient furieusement une des portes avec leurs pièces installées à 200 mètres. Garnier donne l'ordre de placer un canon sur le mirador de cette porte et ses coups bien dirigés ne tardent pas à jeter le trouble parmi les Chinois qui sont obligés de battre en retraite, mais ce mouvement de recul se fait en bon ordre. Derrière chaque buisson, à chaque pli de terrain qui peut servir d'abri, on s'arrête pour envoyer sur la citadelle une nouvelle bordée. Arrivé enfin au rempart qui entoure la commune de Hanoï l'ennemi se divise en deux bandes, l'une d'elles se replie vers le nord et l'autre vers le sud.

Balny d'Avricourt avec dix marins français et quelques volontaires indigènes suit de près la première bande, tandis que Garnier s'élance à la poursuite de la seconde. Pour abréger son chemin, ce dernier quitte la route et coupe à travers des rizières où son canon s'embourbe ; pour ne pas perdre de temps il l'abandonne, et presqu'en même temps ses amis de la citadelle sont obligés de cesser leur feu par crainte d'atteindre sa petite troupe.

Il continue néanmoins sa marche et aperçoit les ennemis embusqués derrière le remblai du chemin en avant d'un village. Il fait sonner le pas de charge, et ordonne de fouiller ce village. « A la baïonnette, en avant », s'écrie-t-il en gravissant lui-même le remblai. Trois hommes le suivent, l'un d'eux frappé d'une balle à la poitrine tombe mort, un second est blessé à la tempe, Garnier lui-même, revolver en main, redescend parmi les buissons pour en chasser les Chinois qui s'y sont cachés, lorsque son pied ayant buté contre un obstacle il tombe.

Au même moment les Pavillons Noirs avec leurs lances et leurs sabres sont sur lui, et lorsque plus tard on vint chercher son corps on constata qu'ils avaient emporté sa tête comme trophée avec celle du brave Dagorgne, mort à côté de lui.

Pendant ce temps, l'autre petite troupe, malgré une résistance héroïque n'avait pas été plus heureuse. Balny lui-même enveloppé par l'ennemi avait succombé comme son vaillant chef ; un de ses marins avait reçu une balle au front, et deux autres furent blessés.

Cette fatale journée avait coûté aux Français la vie de leur chef, perte irréparable, celle de Balny d'Avricourt, officier brave et habile, et celle de trois marins. En outre, six hommes avaient été blessés.

Trois heures après la mort de Garnier, un courrier annonçait l'arrivée des renforts de Saïgon; 102 hommes avec un matériel considérable étaient déjà au Cua Cam. Il était trop tard.

Les officiers réunis en conseil décidèrent qu'on défendrait la citadelle « jusqu'à la dernière extrémité ». M. Dupuis mit à leur disposition ses bateaux, son matériel, et tout son personnel.

A la nouvelle de nos revers et de la mort de Garnier, les lettrés se mirent à la besogne, parcourant les provinces soumises, et tâchant partout de susciter l'insurrection. A Nam-Dinh, et à Ninh-Binh, il y eut quelques troubles aussitôt réprimés avec l'aide des volontaires indigènes, (car le peuple était avec nous). Quant à la belle et populeuse province de Haï-Dzuong pas un souffle de révolte ; on ne craignait qu'une chose, c'était le retour des mandarins de Tu-Duc.

Le 25 décembre 1873 on reprit les négociations interrompues avec les Annamites, et la convention, en tous points avantageuse pour la France allait être signée lorsqu'on reçoit d'un nouvel envoyé français l'ordre de suspendre toute négociation, et, quelques jours plus tard, M. Philastre, qui succédait au brave Garnier, fait évacuer par les troupes françaises toutes les citadelles conquises, Ninh-Binh, Nam-Dinh, Haï-Dzuong, et même Hanoï. Toutes ces conquêtes, tous ces résultats magnifiques dûs à l'habileté et à l'intrépidité de ces quelques braves, et payés par du sang français, tout cela est rendu nul par un trait de plume du nouveau plénipotentiaire!

Le 15 mars 1874, un traité de paix fut signé à

Saïgon entre notre Gouverneur et le représentant du roi Tu-Duc. — Traité moins avantageux pour la France que celui négocié par les officiers de Garnier.

La Cour de Hué reconnaissait la souveraineté de la France sur les 6 provinces de la Cochinchine. Moyennant des conditions assez dures pour nous, elle s'engageait à ouvrir le Fleuve Rouge au commerce, ainsi que certains ports désignés, dans chacun desquels nous aurions un consul. Il était stipulé en même temps que les indigènes qui avaient servi sous nos drapeaux ou qui s'étaient montrés favorables à la cause française auraient amnistie pleine et entière.

Mais Tu-Duc, perfide et déloyal, ne tint pas ses engagements, et c'est la violation de ce Traité et l'intervention de la Chine dans les affaires du Tonkin qui nécessita l'expédition du commandant Rivière.

Redoutant les armes de la France, Tu-Duc se rappela fort à propos sa vassalité envers la Chine, vassalité depuis longtemps oubliée. Il envoya à la Cour de Pékin des ambassadeurs et des présents, et le Céleste Empire qui voyait d'un mauvais œil l'arrivée des Européens dans l'Extrême Orient parut assez disposé à écouter Tu-Duc et à le soutenir les armes à la main. Se sentant ainsi encouragé et appuyé, Tu-Duc se montra de plus en plus hostile, si bien qu'au mois de mars 1882, notre Gouverneur de la Cochinchine, M. Le Myre de Vilers, se vit obligé d'envoyer à Hanoï 2 compagnies d'infanterie de marine sous le commandement du capitaine de vaisseau Henri Rivière. Il espérait toutefois arriver à une solution pacifique. « Toute ma pensée », disait-il, en donnant ses instructions à Rivière, peut se résumer en cette phrase. « Evitez les coups de fusils, ils ne serviraient qu'à nous créer des embarras. »

Mais l'attitude des Annamites ne permit pas une entente amicale ; partout ils se montrèrent défiants et hostiles. A Hanoï où les Français ne se sentaient pas en sécurité il fallut recourir aux armes. On somma le *Tong-Doc* de livrer la citadelle ; il refusa, et aussitôt l'assaut fut donné. Une demi-heure suffit pour la prendre, et mettre en fuite ses défenseurs. Nous n'avions que 4 blessés ; l'ennemi comptait 40 morts et un grand nombre de blessés ; 18 furent recueillis par l'ambulance française. Le lendemain, le Tong-Doc, au désespoir, se suicida.

C'est lorsque cette seconde prise de Hanoï fut connue en Europe, que le Marquis de Tseng, ambassadeur chinois, demanda le rappel de nos troupes du Tonkin. M. de Freycinet répondit « que nous avions donné l'ordre au Gouverneur de la Cochinchine d'assurer l'application complète du Traité de 1874, que les suites de l'action que nous entendions exercer dans cette vue concernaient exclusivement les deux Etats signataires, et qu'en conséquence nous n'avions aucune explication à fournir au gouvernement chinois. »

Au Tonkin, cependant, on ne restait pas inactif. Le commandant Rivière avait fait occuper Hong-Gay, important à cause de ses mines de houille, puis pour assurer ses communications s'était dirigé sur Nam-Dinh, où les Annamites construisaient des barrages. C'est pendant cette marche sur Nam-Dinh que les Pavillons Noirs profitant de l'absence du commandant et d'une partie de ses forces attaquèrent Hanoï. Ils étaient en grand nombre, 4,000 environ, habilement dirigés et bien armés avec des fusils à tir rapide. C'est dans la nuit du 26 au 27 mars qu'ils traversent le Fleuve Rouge, se dirigent silencieusement sur la Pagode Royale, et se jettent sur les Français, espérant les surprendre ; mais ceux-ci leur tiennent tête, et une sortie vigoureuse les force à se retirer. Ils se replient sur Bac-Ninh.

Toutefois, cet échec ne les décourage pas longtemps, et lorsque le 2 avril, Rivière rentre à Hanoï, ils étaient de nouveau près de la ville, harcelant les Français, pillant les habitants, enlevant femmes et enfants, semant partout l'épouvante. Parmi eux, on voyait bon nombre de réguliers Chinois.

Le commandant, aussitôt, appela à lui toutes les forces disponibles, voulant frapper un coup décisif, et dégager la ville. Mais ses préparatifs de lutte ne troublent guère nos redoutables adversaires, et le chef des Pavillons-Noirs envoie au Consul de France une déclaration qui débute ainsi : « Le guerrier robuste Lun fait la déclaration suivante aux Français :

« Vous n'êtes que des brigands hors la loi ; les autres nations ne font pas le moindre cas de vous. » Suit une longue énumération de ses griefs, après quoi il termine en disant : « Aujourd'hui, moi, j'ai des ordres pour faire la guerre. J'ai conduit mes troupes à Phu-Hoaï-Duc ; mes drapeaux et mes lances obscurcissent le ciel ; mes fusils et sabres sont aussi nombreux que les arbres d'une forêt ; tout cela dans le but d'aller vous tuer tous, et saper votre infernal repaire (la concession française).

« Mais l'intérêt public est à considérer avant tout. Je ne veux pas me permettre de prendre pour lieu de combat le territoire de la ville d'Hanoï par crainte de causer préjudice aux habitants.

« C'est pourquoi je vous fais savoir que, si vous êtes assez forts, vous n'avez qu'à conduire vos troupes de bandits à Phu-Hoaï pour qu'elles se mesurent avec moi. Si vous avez peur, si vous n'avez pas assez de courage pour venir, eh bien ! coupez et prenez les têtes du consul, du commandant en chef, du chef de bataillon et des capitaines, envoyez-les à ma résidence, et j'aurai assez de pitié pour ne pas vous poursuivre et vous massacrer.

« Si vous tardez trop à venir ou si vous ne venez pas, je ferai descendre mon armée et je viendrai vous tuer tous jusqu'au dernier.

En conséquence, réfléchissez bien ! »

En vérité, la situation était grave ; puisqu'on était entre la bande de Bac-Ninh et celle de Son-Tay. Il fallait de toute nécessité agir, et énergiquement.

Une sortie dans la direction de Phu-Hoaï sur la route de Son-Tay fut décidée pour le 19.

Le chef de bataillon Berthe de Villers fut chargé de la conduire. Rivière cependant, accompagnait les troupes qui dès le petit jour étaient en mouvement. A six heures ils arrivaient au Pont de Papier occupé par les Pavillons Noirs. Le pont fut enlevé et l'ennemi repoussé malgré une résistance opiniâtre. Les Français avançaient toujours chassant devant eux les Chinois, lorsque Berthe de Villers tombe mortellement blessé. Rivière le remplace et le mouvement en avant continue, lorsque l'ennemi essaie de tourner notre droite pour reprendre le Pont de Papier, nous barrer la route de Hanoï et couper la retraite.

Aussitôt on rappelle les marins qui avaient poussé jusqu'au village de Trung-Thong, mais le feu des tirailleurs Annamites qui les atteint en grand nombre est désastreux. Un officier est tué ainsi que plusieurs soldats, et un second officier blessé.

Presque en même temps un de nos canons tombe dans la rivière, il est urgent de le sauver, et Rivière avec quelques hommes s'efforce de le remonter lorsqu'il est mortellement frappé. Plusieurs tombent autour de lui. Aussitôt les Pavillons-Noirs se ruent sur les cadavres pour les décapiter et emporter les têtes comme trophées.

Les nôtres parviennent à les arrêter dans leur besogne sanglante et à sauver le canon, puis tristement ils continuent leur pénible retraite. Nous avions perdu 30 hommes, et 55 étaient blessés.

Cette douloureuse nouvelle fit passer sur la France un frisson de patriotisme, et le 26 mai on reçut à Hanoï le télégramme suivant : « La Chambre vote à l'unanimité le crédit pour le Tonkin ; la France vengera ses glorieux enfants. »

Le général Bouët, alors commandant supérieur des troupes en Cochinchine, prit la direction des opérations. On lui envoya tous les renforts disponibles. Une nouvelle escadre, la division navale du Tonkin fut créée et confiée au contre Amiral Courbet. Le D{^r} Harmand, compagnon d'armes de Garnier, fut chargé de la direction politique et administrative de l'expédition.

Ces trois chefs commencèrent par tracer leur plan de campagne. Pour le général Bouët, il s'agissait de reprendre l'offensive sur la route de Son-Tay ; pour l'amiral Courbet, d'enlever les forts de Thuan-An situés à l'embouchure de la rivière de Hué, tandis qu'Harmand devait remonter jusqu'à Hué pour négocier avec le successeur de Tu-Duc, mort depuis peu, un nouveau traité plus favorable à la France.

Chacun d'eux réussit à exécuter sa partie du programme. Le général Bouët força les Pavillons Noirs à évacuer leurs lignes qu'ils reculèrent jusqu'à Phung d'où ensuite il les chassa ; de plus Haï-Dzuong fut repris. Les forts de Thuan-An furent brillamment enlevés et le 25 août 1883 le D{^r} Harmand signait un nouveau traité avec la cour de Hué.

De retour au Tonkin il commença son œuvre d'organisation, mais bientôt de très graves difficultés s'élevèrent entre les autorités civiles et militaires ; et le général Bouët dût rentrer en France.

Il fut remplacé par le colonel Bichot, qui se

rendit maître de Ninh-Binh, mais au mois d'octobre l'amiral Courbet prit la direction suprême des opérations.

A ce moment, la situation militaire devint fort inquiétante à cause des Chinois qui se mirent à prendre part à la lutte ouvertement et activement.

Partout on trouvait des réguliers Chinois, à Son-Tay, à Bac-Ninh et à Hong-Hoa. Impossible de songer à organiser un pays dans cet état. Ce n'était pas encore l'heure du gouvernement civil, aussi le Dr Harmand demande à rentrer en France, et l'amiral Courbet demeure chef unique.

Entre Sontay, au nord-ouest, et Bac-Ninh, au nord-est, occupés tous deux par les Pavillons-Noirs, la ville d'Hanoï était sérieusement menacée. Ne pouvant attaquer les deux à la fois, Courbet se prépare à marcher d'abord sur Sontay très solidement fortifié. Le 14, dès le matin, le corps expéditionnaire se met en marche et à 7 heures il était auprès des premiers postes annamites. Toute cette journée jusqu'à nuit close on se bat de part et d'autre avec acharnement, mais vers le soir, l'ennemi est refoulé et nous occupons les fortes positions de Phu-Sa. La nuit cependant ne fit pas cesser les hostilités ; les Pavillons-Noirs furieux de leur défaite revinrent à la charge et « nos troupes, dit le général Bichot, ont déployé au milieu de l'obscurité durant ces longues heures de lutte une bravoure, un sang-froid et une énergie dignes des plus glorieuses journées de leur histoire. »

Le surlendemain à 5 heures 1/2, après une lutte héroïque, la place de Sontay était à nous. Nos soldats pleins de confiance dans leur chef avaient été admirables de bravoure. Ce fut une brillante et glorieuse victoire, importante à tous les points de vue, et qui eut en France un grand retentissement.

L'amiral Courbet voulut de suite marcher sur Hong-Hoa, mais la baisse des eaux l'en empêcha, puis à ce moment d'autres troupes arrivèrent de France avec le général Millot auquel l'amiral Courbet remit le commandement le 12 février 1884.

Le nouveau chef amenait avec lui les généraux de Négrier et Brière de l'Isle.

Sa première préoccupation fut Bac-Ninh; il prit de suite les mesures nécessaires pour s'en emparer, et un mois plus tard, le 12 mars, le pavillon français flottait sur les remparts de cette si importante place; au-delà, sur la route de Langson, Négrier chassait devant lui les Pavillons-Noirs en pleine déroute.

Encore un mois et Brière-de-l'Isle entrera dans la citadelle de Hong-Hoa.

Partout nous étions les maîtres; on croyait à la paix, et le 11 mars 1884 on signa le premier Traité de Tien-Tsin, en vertu duquel la Chine devait immédiatement retirer ses garnisons du Tonkin. Sur la foi de cet engagement nous renvoyâmes des marins à Madagascar et des tirailleurs à Saïgon. En même temps le colonel Dugenne fut chargé d'aller prendre possession de Lang-Son. Il partit avec 800 hommes, et jusqu'à Bac-Lé ne rencontra aucun obstacle, mais un peu au-delà de ce village, il fut assailli par plus de 4,000 réguliers Chinois, qui refusèrent d'évacuer Lang-Son, disant n'en pas avoir reçu l'ordre. Depuis 4 heures de l'après-midi jusqu'au soir, la petite troupe française lutta vaillamment contre ces forces prodigieuses, et le lendemain matin le combat reprit avec rage. Dans la journée cependant, malgré des prodiges d'énergie et de bravoure, écrasé par le nombre, il fallut battre en retraite jusqu'à Bac-Lé, où le général de Négrier vint secourir les nôtres et les ramener à Hanoï. Dans cette désastreuse affaire 30 hommes furent tués et 49 blessés.

La paix maintenant était loin, puisque la Chine avait ainsi foulé aux pieds son traité. De son côté, la cour de Hué nous suscitait de nombreux ennemis, et notre ministre à Pékin, chargé de négocier les affaires avec elle, crut nécessaire de lui rétrocéder le Binh-Thuan et trois autres provinces.

Les démarches de ce même ministre, M. Patenôtre, pour obtenir des Chinois réparation du guet-apens de Bac-Lé ne réussirent pas. En conséquence, l'amiral Courbet reçut l'ordre d'agir contre le Céleste Empire, et cette campagne navale merveilleusement conçue et conduite a été des plus remarquables.

L'Amiral devait s'emparer de deux ports dans l'île de Formose, dont l'un possédait des mines de charbon; de plus il devait détruire l'arsenal maritime de Fou-Tchéou. C'est cette seconde partie des opérations qu'il se réserve, et qu'il exécute de façon à causer à la Chine une perte de 30 millions de francs environ. En une demi heure on coule 22 navires et jonques de guerre, montés par 2,000 marins. Nous ne perdîmes que 10 hommes.

Maître aussi des ports de Formose, Courbet demande ensuite et reçoit l'autorisation de bloquer Pé-tchi-li et d'occuper les îles Pescadores, espérant par là couper à la Chine du Nord ses provisions de riz. Mais au commencement d'avril, il reçoit l'ordre de cesser les hostilités à cause des préliminaires de paix, et peu de temps après on évacue Formose.

Au Tonkin cependant où le général Brière-de-l'Isle avait succédé au général Millot la cour de Hué, toujours de mauvaise foi, ne cessait de nous créer des ennuis. Le pays était parcouru par des bandes de rebelles et de pirates soutenus secrètement par les grands mandarins. D'autre part, les Chinois qui avaient reçu des renforts considérables s'organisaient activement. Dans le nord surtout, à Loch-Nan, ils se montraient nombreux, et le général de Négrier à la tête de 4 colonnes dut se mettre en route pour les repousser et nettoyer le pays. Il avait affaire à 4,000 hommes, parfaitement armés et disciplinés, mais nos soldats se comportèrent comme des Français. Ils enlevèrent brillamment Kep et Chu, places de première importance stratégique. C'étaient deux portes fermées contre l'invasion par le nord.

Pendant que le général de Négrier agissait dans le nord, le commandant en chef étudiait la marche sur Lang-Son, difficile à cause des transports ; pas de route, et un pays de bois et de montagnes à peine connu des Européens, où partout pouvaient s'embusquer des troupes ennemies. Ce fut une marche terrible et glorieuse et la France peut être fière de ses enfants qui ont si vaillamment soutenu l'honneur du drapeau. Dans 7 combats successifs ils ont vaincu les Chinois, dix fois plus nombreux, armés à l'européenne, bien disciplinés et braves. Ils les ont chassés de leurs positions et refoulés jusqu'à Lang-Son, où le 13 février 1885, ils pénétraient en vainqueurs.

Aussitôt maître de la place, le commandant en chef, laissant le général de Négrier à Lang-Son partit en toute hâte vers Tuyen-Quan, où le commandant Dominé était bloqué par 15,000 Chinois. Grâce à des marches forcées, il y arriva 15 jours plus tard, et, par le combat de Hoa-Moc, délivra l'héroïque garnison pour laquelle on ne peut être que rempli d'admiration. Le général en chef lui adressa l'ordre du jour suivant :

« Officiers, sous-officiers, soldats et marins de la garnison de Tuyen-Quan.

« Sous le commandement d'un chef héroïque, le chef de bataillon Dominé, vous avez tenu tête depuis trente-six jours au nombre de six cents à une armée, dans une bicoque dominée de toutes parts.

« Vous avez repoussé victorieusement 7 assauts.

« Un tiers de votre effectif et presque tous vos officiers ont été brûlés par les mines ou frappés par les balles et les obus chinois ; mais les cadavres de l'ennemi jonchent encore les trois brèches qu'il a vainement faites au corps de place.

« Aujourd'hui vous faites l'admiration des braves troupes qui vous ont dégagés au prix de tant de fatigue et de sang versé. Demain vous serez acclamés par la France entière.

« Vous tous aussi vous pourrez dire avec orgueil :

« *J'étais de la garnison de Tuyen-Quan ; j'étais sur la canonnière la Mitrailleuse.*

« Au quartier général, à Tuyen-Quan, le 3 mars 1885.

« Brière de l'Isle. »

Qu'avons-nous besoin de récits grecs ou romains pour parler d'héroïsme à nos enfants de France !

Pendant que le général Brière de l'Isle débloquait Tuyen-Quan, le général de Négrier, laissé à Lang-Son, pourchassait impitoyablement l'armée chinoise. Il s'était avancé jusqu'à la Porte de Chine qu'il fit sauter, puis poussa au delà jusqu'à Dang-Bo. Le 26, toutefois, il était de retour à Lang-Son où les réguliers chinois revinrent à la charge. Ils étaient si nombreux qu'ils purent à la fois attaquer de front et exécuter un mouvement tournant sur notre droite et sur notre gauche. Nos braves troupes se défendirent vaillamment et restèrent maîtresses des positions jusqu'au moment où leur valeureux chef, le général de Négrier, fut blessé et dut remettre le commandement au lieutenant-colonel Herbinger. Deux heures plus tard, celui-ci ordonnait la retraite.

Nos colonnes se dirigèrent sur Kep et Chu où se trouvait le colonel Borgnis-Desbordes qui en prit la direction en attendant le général en chef. Celui-ci, immédiatement en arrivant, ordonna et commença la réoccupation des positions abandonnées. Mais, ici durent s'arrêter les opérations; les préliminaires de paix venaient d'être signés, et les Chinois retirèrent leurs forces du Tonkin.

Le traité définitif de Tien-Tsin signé le 9 juin de cette même année 1885, mit fin à la question de suzeraineté chinoise sur l'Annam. Désormais l'Annam et le Tonkin ne doivent reconnaître que le Protectorat de la France. Il régla aussi la délimitation des frontières, l'ouverture de voies de communication, etc.

C'est aussi au mois de juin que le général de Courcy vint prendre la direction suprême du corps expéditionnaire. De suite il se rendit à Hué pour présenter au roi Am-Nghi ses lettres de créance. A cette occasion, il se fit escorter par un millier d'hommes, zouaves et chasseurs à pied.

Soit que ce déploiement de force ait éveillé la défiance des Annamites, soit que les régents aient trouvé intérêt à provoquer cette manifestation, toujours est-il que dans la nuit du 4 au 5, les troupes royales conduites par le régent Thuyet tombèrent sur la légation française où se trouvait le général en chef, et sur la citadelle occupée par le gros de nos troupes. Aussitôt les nôtres sont sur pied, les Annamites repoussés culbutés et dispersés après avoir perdu 1,505 hommes. Le lendemain matin, Thuyet emmenant avec lui le roi Am-Nghi prit la fuite et parvint à se cacher dans la montagne.

Presqu'aussitôt le roi fugitif fut déposé et remplacé par le jeune Dong-Khan, fils adoptif de Tu-Duc.

Thuyet cependant ne restait pas inactif ; il entretenait et organisait la rébellion dans les provinces ; aussi des troubles ne tardent pas éclater dans le Than-Hoa, dans le Binh-Dinh et ailleurs encore. C'est pourquoi le général de Courcy fait venir du Tonkin de l'infanterie de marine, et fait occuper par des Français les places les plus importantes pour nous.

Même au Tonkin, resté fidèle à la race nationale des Lé, et où les Annamites, ces anciens vassaux d'Hanoï devenus ses tyranniques maîtres, étaient particulièrement haïs, même là les partisans d'Am-Nghi et les lettrés d'Annam trouvaient moyen de susciter des révoltes. Des bandes de pirates parcouraient le pays, paraissant et disparaissant, tombant subitement sur quelque village, puis courant se cacher dans la montagne. Il fallut déployer une force considérable pour les disperser et mettre les habitants à l'abri. La Chine toutefois respecta le traité de Tien-Tsin et ne donna aux rebelles aucun secours.

Au mois de janvier 1886 le général de Courcy rentra en France, laissant le commandement au général Warnet. Celui-ci affermit nos frontières du nord, fit occuper Lao-Kay et créa un grand nombre de petits postes reliés entre eux;

de plus il construisit plusieurs lignes télégraphiques et ouvrit 3,000 kilomètres de routes et chemins. Peu à peu le pays se pacifiait, on avait le loisir de songer à l'organisation, et le Gouvernement français, jugeant que l'heure du régime civil était venu, choisit comme Résident Général, Paul Bert.

Personne en France n'avait lutté pour le Tonkin avec plus d'ardeur, plus d'éloquence et de conviction que Paul Bert. Au mois de décembre 1885, lorsqu'à la Chambre des députés on avait parlé d'évacuation, il monta à la tribune et prononça un discours remarquable de puissance, de précision et de souffle patriotique, discours qui contribua grandement au vote des crédits.

« Je vous demande de déclarer, dit-il au Gouvernement alors, que vous hâterez non seulement la pacification dans le sens où on l'a entendue jusqu'ici, mais aussi l'établissement d'une Administration paisible et civile du pays ; que vous n'enverrez pas au Tonkin la nuée de fonctionnaires qui rongent actuellement la Cochinchine ; que vous ne remplacerez pas les mandarins annamites par des mandarins français, mais par des mandarins tonkinois et cochinchinois qui nous seront dévoués, parce que leurs intérêts sont communs avec les nôtres, et parce que nous aurons délivré le mandarin tonkinois de son pire rival, le mandarin annamite. Si le gouvernement prend cet engagement, je crois à la pacification rapide du Tonkin. »

Le gouvernement crut ne pouvoir mieux faire que d'envoyer Paul Bert lui-même appliquer son système d'administration, et le vaillant patriote, député, membre de l'Institut et professeur à la Sorbonne, n'hésita pas à quitter la brillante position qu'il occupait en France pour accepter ce poste difficile et lointain, considérant que là était son devoir et l'intérêt de la Patrie.

Le 8 avril, il arrivait à Hanoï, apportant au peuple tonkinois des paroles de paix, aux commerçants français la confiance, aux soldats le salut affectueux et reconnaissant de la Patrie.

« Je viens chez vous, dit-il aux populations tonkinoises, avec la ferme intention d'examiner sur place la situation du pays et de m'enquérir de vos besoins.

« Des malentendus nous ont divisés, nos relations ont été gravement troublées ; au lieu d'échanger paisiblement de la soie, nous avons brutalement échangé du plomb ; le sang a coulé et nous nous sommes aperçus que les sentiments d'estime dont nous étions réciproquement animés s'altéraient dans nos cœurs.

« J'ai scrupuleusement étudié les causes de ces divisions regrettables ; je veux les faire cesser. Car nos peuples ne sont pas faits pour se combattre, mais pour travailler ensemble, et se compléter l'un par l'autre. »

Et il se met à l'œuvre. Il faut d'abord que l'Annam, ce foyer de troubles et de rébellion, soit pacifié, et pour ce faire il est indispensable de gagner à notre cause les lettrés qui mènent le pays. On respectera leurs coutumes et traditions, on les laissera honorer Bouddha ou Confucius à leur guise, au besoin même on leur donnera de bonnes places. De plus, on rendra au roi Dong-Khan, qui est entre nos mains, le prestige royal d'autrefois, on l'entourera de splendeurs et d'honneurs, et au peuple la France parlera par sa bouche.

« Je pense, dit Paul Bert, que seul le rétablissement du prestige personnel du roi donnera l'autorité nécessaire pour calmer l'appréhension des lettrés et satisfaire l'orgueil de la nation.

.... Nul prince depuis le grand Gia-Long n'a paru à la tête des armées. Nous ferons sortir le roi de ce palais, à la fois harem et prison, où s'alanguit la force morale et se perd la dignité. Il se fera connaître de son peuple, il verra les lettrés, les intimidera, leur expliquera la situation et l'avenir tel qu'il se prépare, il calmera leurs défiances.... L'arme détrempée aura retrouvé sa trempe. »

Voilà la politique que Paul Bert suivit en Annam et qui donna bien les résultats attendus. En échange de ses bons procédés il exigea des Annamites certaines mesures qu'il jugeait importantes pour nous, parmi lesquelles la délégation des pouvoirs royaux au Kinh-Luoc ou vice-roi du Tonkin.

Au Tonkin même les sympathies du peuple nous étaient acquises, mais nous n'avions pas pour cela fini avec les pirates. Contre ceux-là, Paul Bert dut employer des mesures énergiques. En dehors de la force armée qui leur infligeait de sévères leçons, il créa tout un système de punition et de récompense. Tout village qui se défendait bien contre les pirates avait une récompense, les blessés étaient secourus, et si quelqu'un était tué dans la lutte, sa famille avait droit à une indemnité. Au contraire, tout village qui avait aidé ou caché des pirates était frappé d'une amende ; si même la faute était grave, on rasait le village, et on distribuait terres et biens dans les communes voisines. Les résultats acquis en peu de temps étaient remarquables.

« Il importe pour la pacification du pays qu'il devienne un pays d'amis sous notre direction morale » disait-il, et il ne perd pas une occasion pour faire aimer l'administration française. Les impôts de 1884 et 85 avaient été fort irrégulièrement perçus, il y avait beaucoup d'arriérés, et le pays était dans la misère ; le Résident Général en conséquence arrête, « qu'il sera fait remise pleine et entière à la population indigène des contributions arriérées antérieures à l'année 1886 ». Il diminue les corvées, accorde des pensions aux soldats tonkinois blessés au service de la France, il indemnise les provinces qui ont le plus souffert pendant la guerre, fonde un hôpital pour les indigènes, et constamment se préoccupe du bien-être des populations.

Dans un ordre d'idées plus élevé, « voulant associer les indigènes à la mise en œuvre du protectorat français, » il institue une commission consultative des notables du Tonkin.

« En France, » dit-il à la première réunion de ce conseil, « le Gouvernement agit toujours d'accord avec les élus du peuple qui lui donnent leurs conseils et connaissent les besoins des artisans et de ceux qui cultivent la terre. » — J'ai voulu qu'il en fut de même au Tonkin.

La sagesse des délibérations montre jusqu'à quel point cette création avait son utilité et sa raison d'être.

Habilement secondé par M. Dumoutier, inspecteur de l'enseignement franco-annamite, il s'efforça d'organiser l'instruction. Il créa aussi une Académie tonkinoise pour l'étude de la littérature et la conservation des monuments tonkinois. Il espérait qu'en même temps cette Académie serait une pépinière de lettrés Tonkinois qui un jour serviraient à remplacer au Tonkin les lettrés Annamites.

Il avait projeté la fondation d'écoles professionnelles, le rétablissement d'anciennes universités, etc.

Pour le développement du commerce et de l'industrie dans ce riche pays du Tonkin, Paul Bert fit beaucoup. Ce fut pour lui, une grande et constante préoccupation. Il réorganisa les Douanes, s'efforçant de faciliter le commerce local, d'avantager surtout le commerce français, et d'augmenter la valeur du Tonkin comme pays de transit.

Il créa un *Comité permanent agricole, commercial et industriel* dont lui-même dirigea les travaux, désignant à chaque commission sa besogne, s'occupant de tout, s'intéressant à tout, déployant une activité et une ardeur pour la chose publique qui gagnèrent les collaborateurs et permirent de faire en peu de temps beaucoup et de bonne besogne.

Jugeant qu'il y aurait un intérêt industriel et commercial aussi bien que politique à rassembler et à étaler sous les yeux des indigènes et des colons français « les produits naturels et ouvrés de l'Indo-Chine française et les produits d'origine française utilisables au Tonkin », il décida d'ouvrir à Hanoï, au mois de janvier 1887, une *Exposition* des produits de l'Annam et du Tonkin, de la France et de ses Colonies. Indigènes et Français répondirent avec enthousiasme à cet appel, et le succès, dont Paul Bert ne jouit pas, fut grand.

Il créa un service de bateaux à vapeur : les *Correspondances Fluviales*, organisa des postes et trams, s'occupa de la construction et de l'entretien de lignes télégraphiques, répara et améliora les routes et digues, fit étudier des plans de chemin de fer, la construction de casernes salubres pour nos soldats, de maisons salubres pour nos fonctionnaires. Son activité et sa sollicitude s'étendirent sur tous et sur toutes choses.

Pour attirer dans nos Colonies et s'assurer le concours d'hommes de valeur, il voulut rendre plus brillantes les conditions de nos agents français au Tonkin, augmenter leurs traitements et leur accorder une retraite libérale. Il voulut aussi dans des régions salubres et fortifiantes créer des sanitoria où, au besoin, sans rentrer en France, nos fonctionnaires et commerçants pourraient se reposer et se refaire.

Réaliser tous ces projets avec un aussi mince budget que le sien n'était pas chose facile ; ce qu'il fit avec des ressources insignifiantes fut prodigieux. Il fallut, en effet, des prodiges d'ingéniosité et d'économie, des jours de dur travail et de grands soucis pour équilibrer dépenses et recettes. Mais le travail, le dévouement, il les donnait sans compter ; tout ce qu'il avait de force et d'énergie, tout ce qu'il avait de savoir et de haute intelligence, il le mettait avec bonheur au service de la Patrie qu'il aimait d'un amour si passionné ; et, pour elle, pour tout ce qui touchera à sa grandeur il travaillera sans relâche, jusqu'à ce que la mort vienne l'arrêter, jusqu'à ce que le travail à outrance, les fatigues excessives dans ce climat moins salubre que le nôtre aient raison de cette robuste santé.

Lorsqu'au Tonkin on annonça sa mort, ce fut une consternation, — en France une tristesse, un deuil universels, le sentiment d'une perte immense. Le Gouvernement lui décerna des funérailles nationales; jamais Français ne les a mieux méritées.

« Si la mort ne lui a pas permis d'achever son œuvre, si même il est tombé presque au début de sa tâche, il a du moins donné, en tombant, un grand exemple. Il a montré que quand il s'agit des intérêts de la Patrie, aucune situation, aucun lien ne doit nous retenir, que nous nous devons à elle tout entière, et à tous les instants, heureux de lui faire tous les sacrifices. Par ce sacrifice suprême le nom de Paul Bert est entré dans la gloire la plus haute et la plus pure ». *

---

* Discours de M. Janssen à l'Académie des Sciences. — 26 décembre 1887.

Il importe maintenant de continuer et d'étendre encore cette œuvre si brillamment commencée, de ne pas perdre le fruit de tant de labeur et de sang versé, mais de marcher résolument, avant-garde de l'Europe, détournant peut-être de l'Occident une nouvelle invasion, et amenant par notre situation et notre politique en Extrême-Orient une entente cordiale entre l'Europe et l'Asie.

Le Gouvernement désigna comme successeur de Paul Bert, M. Bihourd, qui ne garda le poste de Résident général que quelques mois.

Par suite de la nouvelle organisation de nos possessions dans l'Indo-Chine, le pouvoir suprême est actuellement entre les mains du Gouverneur général de l'Indo-Chine, qui a sous ses ordres un lieutenant-gouverneur pour la Cochinchine, un résident supérieur en Annam, un au Tonkin, et un au Cambodge.

Le Tonkin, fort bien situé au point de vue géographique, est très nettement séparé en deux parties : le *Delta*, admirablement cultivé, sillonné de nombreux cours d'eau à l'embouchure desquels se trouvent d'excellents ports, et la *partie montagneuse*, très riche en produits minéraux. On y trouve ainsi que dans l'Annam : or, argent, mercure, fer, cuivre, zinc, marbre, etc. Les gisements houillers du Tonkin sont fort importants ; ils pourraient fournir, dit M. Fuchs, 100,000 tonnes par an.

Le Tonkin, plus fertile que l'Annam, produit en grande abondance le riz ; son thé est aussi estimé que celui de la Chine ; on y trouve en outre : canne à sucre, manioc, maïs, cannelle et une grande variété d'arbres fruitiers. Le coton réussit admirablement et pourra devenir une source de grande richesse pour le pays, vu la proximité des marchés chinois ; chanvre, mûrier à papier, tabac, indigo y sont communs. De belles et grandes forêts fournissent des bois de construction et d'autres pouvant servir à la teinture. Le ricin y pousse naturellement.

Les principales industries de l'Annam et du Tonkin sont : incrustations de nacre, broderies, laquage et fabrication d'éventails.

En dehors de *Hué*, la capitale, de *Tourane* avec sa superbe baie, de *Qui-Nhon* et de *Peï-Fo*, port d'avenir, l'Annam ne possède guère de villes.

Au Tonkin, après *Hanoï*, ancienne capitale de la dynastie des Lé, qui compte actuellement 70,000 habitants, nous trouvons *Nam-Dinh*, ville commerciale de 30,000 âmes, *Haï-Phong* (port ouvert) et *Haï-Dzuong*, villes de 10,000 habitants, *Son-Tay* et *Ninh-Binh*, de 4 à 5,000, puis, moins importantes au point de vue de la population, *Lang-Son*, *Hong-Hoa*, *Tuyen-Quan*, *Hong-Yen*, *Quang-Yen* et *Lao-Kay*.

※

OBOCK et CHEÏCK SAÏD

OBOCK

Obock, situé dans le Golfe de Tadjourah, à 25 lieues du détroit de Bab-el-Mandeb, et en face d'Aden, est territoire français depuis 1862. Sept années auparavant, M. Lambert, vice-consul de France à Aden était en relation avec Abou-Becker, sultan de Tadjourah, et lui avait acheté la ville et le territoire d'Obock pour la somme de 50,000 francs. Mais il n'eut pas le temps d'en prendre possession; le 4 juin 1859 il périt assassiné. Aussitôt, le Gouvernement français ouvrit une enquête et envoya là-bas l'amiral Fleuriot de Langle, dont la mission eut pour résultat le traité définitif de 1862 qui nous a rendus maîtres d'Obock.

Depuis ce moment on s'est agrandi; aujourd'hui, *Tadjourah*, *Sagallo* et les territoires voisins sont sous notre protectorat.

Placée sur la route de l'Europe aux Indes, l'un des grands chemins du monde, *Obock*, la seule ville française entre Toulon et Pondichéry, est un point stratégique des plus importants. Il est indispensable que nous ayons là un port de relâche et de ravitaillement, un dépôt de charbon considérable. Pendant la guerre de 1870 les Anglais d'Aden ont refusé de vendre du charbon à tout navire français ; il est bon que nous puissions nous passer d'eux. En cas de guerre maritime ce refuge, très supérieur à Aden, serait précieux.

Mais Obock n'est pas seulement un point stratégique, il peut devenir un centre de commerce important comme débouché des produits du *Choa*, une des contrées les plus riches de l'Afrique Orientale, et du vaste pays des *Gallas*.

Obock, infiniment plus privilégié qu'Aden, possède de l'eau douce suffisamment pour permettre la culture maraîchère et entretenir quelques troupeaux de bestiaux. On y trouve bois, argile, pierre à chaux, en un mot tout ce qu'il faut pour construire. On pêche la nacre sur toute la côte, et de l'ambre en certains endroits.

Tadjourah est bien pourvu d'eau ; sur cette côte aride c'est un des rares points où la végétation soit belle.

Notre Colonie d'Obock est administrée par un Gouverneur ; on y entretient une garnison et un personnel de fonctionnaires assez nombreux.

La France a des droits sur la *Baie d'Adulis*, une des plus importantes de la mer Rouge ; il est regrettable qu'elle ne les fasse pas valoir effectivement ; cette position y augmenterait notre sécurité, et pourrait, en outre, nous ouvrir des débouchés sur l'Ethiopie septentrionale.

CHEÏCK-SAÏD

En face de l'île anglaise de Périm dont il n'est séparé que par un étroit bras de mer, se trouve le territoire de Cheïck-Saïd qui comprend le cap Bab-el Mandeb. En 1868 ce territoire fut vendu à une maison de commerce de Marseille, la maison Rabaud-Bazin. Pendant la guerre de 1870 la France y fit établir un dépôt de charbon ; depuis, et cela à plusieurs reprises, Allemands, Anglais et Russes ont cherché à faire l'acquisition de cette position très avantageuse ; la maison Rabaud l'a cédée au gouvernement français. L'Allemagne avait offert 4 millions, dit-on, la Russie plus encore, mais en bons patriotes nos négociants marseillais ont donné la préférence à la France, pour une somme bien moindre.

Ce qui fait la grande valeur de Cheïck-Saïd, c'est sa situation élevée. Tandis que l'Ile de Périm où se trouvent les forts anglais n'a que 50 mètres au-dessus de la mer, Cheïck-Saïd a des sommets de 275 mètres. Ses canons domineraient, et au besoin feraient taire les feux de Périm.

« La position de Cheïck-Saïd, dit le professeur Sapeto, comme point stratégique, station navale et dépôt de charbon est la meilleure de toutes les autres de la mer Rouge... Cheïck-Saïd est vraiment une position excellente et deviendrait inaccessible en construisant des fortifications sur le mont volcanique de Mandeb. Si Suez est la clef de la mer Rouge, Bab-el-Mandeb en est la porte. »

ILE de la RÉUNION

et ILE de FRANCE

L'île de la Réunion, avec sa puissante beauté et ses grandes allures, son fier volcan et ses splendides forêts, est un des séjours les plus ravissants qui soient au monde. Son doux climat, son air pur et son ciel merveilleux lui ont valu le surnom d'*Eden*.

Selon la politique ou les caprices du jour, cette île s'est appelée successivement Mascareigne, Bourbon, la Réunion, Bonaparte, puis une seconde fois Bourbon, et enfin depuis 1848 son nom officiel est de nouveau la Réunion.

La Réunion donc, puisque c'est ainsi que nous devons l'appeler, émerge à 600 kilomètres de la côte orientale de Madagascar, et non loin de Maurice, « l'île Sœur ». En effet, ces deux îles furent découvertes en même temps par un navigateur Portugais, Mascarenhas, qui donna son nom à l'une et à l'autre, si bien qu'ensemble on les appela *les Mascareignes*. De plus ces Colonies voisines eurent les mêmes fondateurs, elles grandirent ensemble, parlant la même langue, ayant mêmes sympathies, comme elles avaient mêmes souvenirs. Le drapeau français flotta sur l'une comme sur l'autre jusqu'en 1810, alors que l'Angleterre, plus puissante que nous, nous enleva notre *île de France* pour en faire son *île Maurice*.

Quoique découverte par les Portugais, ceux-ci ne cherchèrent jamais à s'établir à la Réunion, et en 1642 Pronis, l'agent de la Compagnie des Indes à Madagascar, y envoya quelques révoltés et prit possession du pays au nom de la France. Sept années plus tard, son successeur Flacourt renouvela cette cérémonie, et donna à l'île le nom de *Bourbon*, disant « qu'il n'avait trouvé aucun nom qui put mieux cadrer à la bonté et à la fertilité de l'île, et qui lui appartint mieux que celui-là ».

Pendant de longues années cependant, malgré cette bonté et cette fertilité, les seuls colons qui songèrent à Bourbon furent les flibustiers des mers des Indes. Mais en 1664, lorsque Louis XIV céda à la Compagnie des Indes Madagascar et *ses dépendances*, la Compagnie y envoya de Lorient une vingtaine d'ouvriers, avec un chef nommé Regnault. De plus, séduits par la douceur du climat, par la grande liberté et la vie facile, un certain nombre de matelots refusèrent de reprendre leur service et se fixèrent à Bourbon. L'année suivante quelques jeunes filles orphelines quittèrent la France et vinrent retrouver leurs compatriotes sur cette terre riche et hospitalière.

Ainsi débuta notre Colonie de Bourbon. Une dizaine d'années plus tard, quelques Français échappés au massacre de Fort-Dauphin (Madagascar) vinrent accroître encore la population. Et plus tard encore, en 1685, lors de la Révocation de l'Edit de Nantes, un certain nombre de protestants vint porter à cette jeune France l'énergie et l'activité intelligente que Louis XIV avait chassées de la mère-Patrie. Ils y portèrent en même temps cette austérité de vie qui les distinguait, et qui était une de leurs forces.

Bientôt notre Colonie devint florissante ; agriculture et commerce se développèrent ; en peu de temps on eut défriché une grande partie de l'île, et le sol paya largement nos colons de leur travail ; caféier, giroflier, canne à sucre y poussaient admirablement et furent d'un bon rapport.

En 1735, Bourbon et l'Ile de France furent réunies sous le gouvernement de Labourdonnais, fort occupé alors à combattre les Anglais. Dans cette lutte maritime, l'Ile de France toute découpée de petits golfes avec des rades vastes et sûres, telles que Grand-Port et Port-Louis était un point d'appui précieux, tandis que Bourbon, côte ouverte, sans échancrure, battue par les vagues et les vents, sans aucun abri pour les navires, ne servait de rien comme station navale. C'est pourquoi Labourdonnais transporta le siège du Gouvernement à Port-Louis qui devint le chef-lieu de notre Colonie, et l'importance de Bourbon s'effaça quelque peu devant celle de l'Ile de France, sœur cadette pourtant.

En 1765, par suite de la faillite de la Compagnie des Indes, les îles firent retour à la couronne. Elles demeurèrent françaises jusqu'en 1810 ; ce fut alors qu'elles tombèrent au pouvoir des Anglais.

Bourbon nous est revenue à la paix de 1814, mais l'Ile de France devenue Maurice est restée à l'Angleterre. « Les deux Colonies cependant ont continué à vivre de la même vie et se donnent toujours le doux nom d'*îles Sœurs*. Maurice, aux termes de sa capitulation, a gardé le Code civil, ses usages, ses mœurs. On y est Français comme en Alsace-Lorraine ; et quatre-vingts ans de conquête n'ont pu réussir à rien y effacer, à rien y implanter. Les femmes surtout, auxquelles les affaires n'ont pas, comme aux hommes, imposé la connaissance de la langue anglaise, sont admirables de patriotisme ; les fières vertus bretonnes sont encore aussi vivaces dans leurs cœurs que chez leurs ancêtres, le jour où ils quittaient le port de Lorient. » [*]

Pendant les Cent-Jours, Bourbon, qui portait à ce moment le nom d'*Ile Bonaparte* fut de nouveau attaquée par les Anglais, mais elle se défendit si vaillamment, et avec tant de vigueur, que la puissante Albion dût lui laisser sa nationalité.

Aujourd'hui la Réunion est à la vérité un département français, dont le chef-lieu est *Saint-Denis*. Elle est représentée au Parlement par 2 députés et 1 sénateur, elle a son Conseil général, de 36 membres, ses conseils municipaux et une commission coloniale. Le *Gouverneur* représente le chef de l'Etat ; il est aidé d'un *Directeur de l'Intérieur*, préfet pourrait-on dire, et d'un *procureur général*.

---

[*] De Cordemay.

L'Instruction publique est fort bien organisée. Saint-Denis possède un lycée qui compte 400 élèves, et une école normale d'instituteurs ; il y a en outre 3 colléges communaux, et 105 écoles communales qui comptent 12.000 élèves. De plus, il existe 6 écoles subventionnées, 22 libres, et 11 ouvroirs. On a créé des cours secondaires libres, plusieurs Sociétés savantes se sont fondées ; on y trouve une station agronomique, deux Musées d'histoire naturelle et une Bibliothèque publique.

Cette petite île de la Réunion, car elle est petite, ne mesurant guère plus de 18 lieues de longueur sur 13 de largeur, est d'origine volcanique. Un massif montagneux la couvre du nord au sud, la divisant en deux climats appelés *Partie du Vent* et *Partie sous le Vent*. Les deux points culminants de ce massif sont le *Piton des Neiges*, vers le centre de l'île, volcan depuis longtemps éteint, haut de plus de 3,000 mètres, et le *Piton de Fournaise* (deux fois plus haut que le Vésuve) situé près de l'extrémité sud-est de l'île. Ce volcan est aujourd'hui en pleine activité, mais ses éruptions qui ne sont jamais accompagnées de tremblement de terre, ne présentent aucun danger, et ne font qu'ajouter à la beauté étrange et grandiose de ce splendide pays. Les feux ont cependant rendu absolument stérile une grande région au pied du volcan. Les habitants l'appellent *Pays Brûlé*.

On ne connaît à la Réunion d'autres fléaux que les cyclones, mais ils sont terribles, dévastant en une heure les plus belles récoltes. Depuis le commencement du siècle, on en compte 41.

La principale culture de la Réunion est celle de la canne à sucre ; après vient celle du café, bien réduite aujourd'hui ; cependant la vanille est cultivée un peu partout. Le quinquina vient presque partout ; on a fait les années précédentes des plantations de tabac assez considérables. Le manioc et le maïs prospèrent, ainsi que tous les légumes et fruits d'Europe.

Les articles d'exportation sont : sucre, café et vanille.

A l'heure actuelle, on s'occupe du port de la Pointe-des-Galets (extrémité nord-ouest de l'île), et l'on agrandit celui que la commune de Saint-Pierre a fait construire à ses frais. Ce dernier port peut recevoir des navires de 1,000 tonneaux ; son agrandissement lui permettra de laisser entrer les plus forts bâtiments.

L'existence de deux ports ne peut qu'améliorer la situation de notre Colonie déjà si florissante.

Un chemin de fer de 120 kilomètres et un télégraphe réunissent St-Pierre et St-Benoît à St-Denis, par le littoral.

ILES KERGUELEN

ILES SAINT-PAUL et AMSTERDAM

ILES KERGUELEN

Le groupe des Iles Kerguelen se trouve à 49° de latitude Sud. Découvertes en 1772 par le vice-amiral français qui leur donna son nom, ces îles devinrent nôtres l'année suivante.

Le pays, froid, mais supportable, bizarrement accidenté avec ses pics étranges, ses rochers volcaniques, ne présente que de médiocres ressources, excepté en fait de chasse et de pêche, aussi est-ce un rendez-vous de chasseurs de phoques. Le mouton s'y multiplierait comme aux Malouines. On y trouve de la tourbe en grande quantité, et certaines cultures maraîchères y réussiraient aussi parfaitement que le choux de Kerguelen.

En 1874, le *Challenger* dans son grand voyage scientifique fit séjour dans cet archipel désert où l'on ferait cependant très bien vivre de leur travail plusieurs milliers de personnes, avec les seules ressources qui peuvent être fournies par ces îles.

SAINT-PAUL et AMSTERDAM

Sur la route de la Réunion aux Kerguelen deux îles, deux masses volcaniques, Saint-Paul et Amsterdam se dressent au milieu de l'Océan.

Depuis 1843, elles sont officiellement à la France, une Compagnie commerciale y envoya alors une garnison pour en prendre possession au nom de notre pays, mais, longtemps avant, les pêcheurs de l'île de la Réunion en avaient fait des îles françaises.

Dans l'une comme dans l'autre la flore et la faune sont des plus pauvres.

Une ligne de navigation avait installé avec la permission de la France, il y a quelques années, un dépôt de charbon à l'île St-Paul, ce point de relâche se trouvant exactement placé sur la ligne directe des navires qui se rendent du Cap en Australie.

MADAGASCAR

« Est-il d'une bonne politique de laisser les Français s'établir à Madagascar, l'une des plus grandes îles du monde, qui a plus de neuf cents milles de long et qui produit tout ce qui est nécessaire à l'existence de l'homme ? Elle fournit du bois pour la construction des vaisseaux, des minéraux en abondance, d'immenses richesses agricoles, de grandes quantités de bestiaux si utiles à Maurice, en un mot, tout ce qu'il faut pour former un grand pays !

« Est-il d'une bonne politique que nous permettions aux Français d'avoir une Colonie comme Madagascar à deux jours de traversée de l'île Maurice ? Si nous souffrons cela, notre empire de l'Inde sera surpris de voir, qu'à sept ou huit jours de traversée, il a un redoutable et dangereux voisin. La possession de Madagascar rendra les Français maîtres du Mozambique et de la principale route de l'Inde. »

Ainsi s'exprimait, il n'y a pas longtemps encore, un ancien Résident anglais à Madagascar. Notre puissante et bonne amie d'Outre-Manche craint de nous voir maîtres de cette route des Indes, de ce pays où nous trouvons un débouché constant et sûr pour les produits de notre industrie et une source inépuisable de richesses minérales et agricoles. Mieux que nous, sans doute, elle saurait tirer parti de ce beau pays, pour le plus grand bien de l'humanité ! C'est pourquoi depuis soixante-dix ans ses missionnaires méthodistes parcourent la grande île africaine, prêchant, non pas l'amour du prochain tel que l'enseigne l'Evangile, mais la haine des Français. C'est pourquoi, se cachant derrière les Hovas, notre bonne amie brûle nos comptoirs et massacre nos compatriotes.

Nos droits sur Madagascar, elle les connaît pourtant, et si bien qu'ouvertement elle ne peut les contester. Officiellement, devant l'Europe elle les a même reconnus : c'est qu'en effet nous sommes les premiers occupants du sol, c'est que les traités passés au XVIIe siècle entre notre Gouvernement et les chefs du pays nous donnent sur Madagascar le titre de propriétaire et de souverain.

Marco-Polo, qui vivait au XIIIe siècle, nous parle de « Madagascar » dans son *Livre des Merveilles du Monde,* puis jusqu'au XVIe siècle, l'île splendide s'enveloppe de ténèbres. C'est en 1506 seulement que l'Europe entendra parler une seconde fois de la Grande Terre, et cela grâce à la tempête qui jeta sur ses rives quelques navires portugais qui revenaient des Indes. Enivrés qu'ils étaient des richesses de l'Inde, les Portugais n'eurent pas l'idée de s'y établir, pas plus que les Hollandais ni les Anglais qui, cependant, une fois le chemin trouvé, firent de très fréquentes visites aux côtes de Madagascar.

C'est Richelieu, avec la prévoyance du génie, qui, le premier, devina toute l'importance de cette terre si heureusement située, et qui songea à s'en emparer au nom de la France.

En 1642, un capitaine Dieppois, Rigault, fonda une Compagnie dite de l'Orient, pour exploiter et faire commerce avec « la grande isle de Madagasgar et les isles voisines; » il fut très soutenu et encouragé par Richelieu qui accorda à la Compagnie le monopole du commerce et de la navigation dans ces pays, et la concession pendant dix ans de Madagascar et des îles adjacentes, *à la condition qu'elle en prendrait possession au nom de la France.*

Les agents de la Compagnie installèrent plusieurs postes et construisirent une forteresse qu'ils appelèrent Fort Dauphin, ils prirent possession de Ste-Marie, de la baie d'Antongil, etc. Et voilà la base de nos droits sur Madagascar; ne vaut-elle pas celle des Anglais qui s'établissent en Australie, des Hollandais qui s'emparent des îles de la Sonde, ou des Portugais maîtres du Brésil ?

Malheureusement les représentants de la Compagnie administrèrent fort mal les affaires. Pronis, l'agent principal, homme violent et incapable, perdu de vices, fit grand tort au nouvel établissement. Il indisposa contre nous les indigènes et se fit mépriser par ses compatriotes.

Avertie de sa conduite, la Compagnie le destitua et le remplaça par Etienne de Flacourt, homme énergique et intègre, mais brutal. Il guerroya sans cesse, gouverna les indigènes par la terreur, et n'obtint guère de résultats.

Enfin, lorsque la Compagnie arrive à l'expiration de la concession, les affaires sont en si mauvais état que *le Conseil du roi refuse de continuer le privilége.* Le maréchal de la Meilleraye, cependant, obtient une nouvelle concession de quinze années et organise une autre Compagnie, mais il n'a pas le temps de mener à bien son entreprise ; et son fils rendit au roi ses droits sur Madagascar, pour la somme de 20 mille livres.

Pendant bien des années on laisse dormir la question de Madagascar. Mazarin avait trop à faire ailleurs pour s'occuper de politique coloniale, et l'on ne parle plus de l'île splendide et de ses richesses jusqu'au jour où Colbert, cet homme si soucieux des intérêts de la France, reprendra les grands projets de notre grand Richelieu.

Colbert organise une troisième Compagnie, l'*Orientale* ; il fait grand bruit autour de son œuvre, fait circuler des pamphlets démontrant les avantages des Colonies, vantant la fertilité et les richesses merveilleuses de Madagascar, et engageant les esprits hardis à suivre l'exemple de la Compagnie Hollandaise des Indes Occidentales, qui avait réussi au-delà de toute espérance. Le capital de la nouvelle Compagnie est fixé à 15 millions : Louis XIV s'inscrit personnellement pour 3 millions, la Reine, les princes du sang et les seigneurs de la cour veulent aussi être pour quelque chose dans cette entreprise coloniale.

En 1664, un édit de concession donnait à la dite Compagnie « pour en jouir à perpétuité, en toute propriété, seigneurie et justice, » l'île de Madagascar. *Il était stipulé qu'au cas où la Compagnie renoncerait à la cession, l'île serait réunie au domaine royal.* Un édit de l'année suivante lui donna le nom d'*Ile Dauphine*. Depuis sa découverte par les Portugais elle avait porté celui de Saint-Laurent.

Malgré cette bonne volonté royale, malgré les encouragements nombreux et les sages conseils du grand ministre, notre Colonie ne prospéra pas. Les agents de la Compagnie, presque toujours mal choisis, ne se soucièrent que d'une chose, s'enrichir. Piller, gaspiller, pressurer les indigènes, voilà comment ils entendaient leur métier de Gouverneurs. En somme, au bout de six ans, la Compagnie, ruinée, *remet au roi ses droits sur l'île Dauphine qui fait retour à la couronne.*

Au mois de décembre 1670, Jacob de la Haye, nommé Gouverneur, prend possession de l'île « au nom du roy ». Dur avec les indigènes, hautain avec les Français, le nouveau gouverneur se fait détester par les uns et par les autres, et en moins de deux ans les choses arrivent à tel point qu'il prend le parti de rentrer en France. Peu de temps après son départ, dans la nuit de Noël 1672, la petite garnison française de Fort-Dauphin est attaquée à l'improviste, et presque tous les nôtres sont égorgés. Ceux qui échappent vont se réfugier à l'île Bourbon.

Impossible à ce moment, où toutes les nations de l'Europe se liguent contre nous, d'envoyer des troupes pour venger nos morts et rétablir notre autorité, mais *ni Louis XIV ni ses successeurs ne renoncent à leurs droits pour cela. Plusieurs édits et arrêts, même sous Louis XV, proclament Madagascar possession française.*

En 1750, la reine Béty cède à la France la petite île de Sainte-Marie située presqu'à l'entrée de la baie d'Antongil, et à partir de ce moment un commerce actif s'établit entre notre petite Colonie et la côte. De plus, nos îles Bourbon et Maurice ne pouvaient se passer de Madagascar, de sorte que nos colons avaient installé tout le long de la côte de petits marchés où se faisait l'échange des denrées et où s'entretenait le souvenir de la France.

En 1774, on fit une nouvelle et sérieuse tentative d'établissement à Madagascar. La direction de cette expédition fut donnée au Hongrois Benyowsky, homme à larges vues, énergique et habile. Il ne tarda pas à gagner les sympathies des indigènes. De nouveau il prit possession de la côte au nom de la France, construisit des forts, traça des routes, creusa des canaux, et prit sur les peuplades Malgaches un tel ascendant, que dans une assemblée de chefs on le nomma *ampandzaka*, ou chef suprême. Il était, en vérité, souverain de Madagascar.

Le premier usage que fit Benyowsky de sa souveraineté, fut de persuader aux Malgaches de conclure avec la France un traité d'alliance et d'amitié où on règlerait les affaires de commerce entre les deux pays. Ses propositions furent acceptées, et, muni de pleins pouvoirs, il s'embarqua et fit voile pour la France. Mais, là, jalousie, malveillance et calomnies l'attendaient, au lieu de reconnaissance pour les services rendus. Il plaide, lutte, et attend, — ce qui est si difficile pour une nature comme la sienne ; — mais de parti-pris on dénature ses idées et son œuvre, on ne veut pas de cette splendide Colonie qu'il offre à la France.

Découragé à la fin, il va porter ailleurs ses projets et ses promesses. L'Angleterre ne l'écoute pas, l'Autriche le renvoie, et il passe en Amérique où une maison de Baltimore lui fournit hommes et matériel. Aussitôt il reprend la mer, et, en 1785, il débarque sur la côte occidentale de Madagascar. Il est reconnu par le peuple, reçu avec enthousiasme, et de suite se remet à l'œuvre. Hélas ! il n'est plus au service de la France.

Son premier souci est de faire entourer de fortifications le village où il s'était établi, mais à peine eut-il le temps de les terminer. A la suite d'une dispute survenue entre Benyowsky et un colon de l'île de France, le Gouverneur de cette Colonie envoya à Madagascar un navire de guerre, portant une compagnie du régiment de Pondichéry. Benyowsky est cantonné et bloqué dans son fort, avec 30 indigènes et 2 blancs. Pendant qu'il dirige la défense, une balle française l'atteint en pleine poitrine. Notre triste

Gouvernement d'alors avait méconnu un bon serviteur et dédaigné une Colonie.

La Convention n'oublia pas de proclamer les droits de la France sur Madagascar. Le premier Empire, à son tour, s'occupa activement de la Grande Ile et prit d'heureuses dispositions pour y sauvegarder les intérêts français.

Tamatave fut choisi comme centre de nos établissements ; M. Sylvain Roux eut mission de les organiser, de construire des forts, de créer des milices, de fonder en un mot une véritable Colonie. Mais on n'eut pas le temps de réaliser ces beaux projets ; à peine furent-ils commencés que l'Angleterre envoya ses corvettes s'emparer de Tamatave et de tous nos établissements de Madagascar, comme elle s'était emparée déjà de l'Ile-de-France et de l'Ile Bourbon.

Ceci se passait en 1811, et pendant trois années Madagascar restera en dehors de notre empire colonial. C'est le Traité de Paris (1814) qui nous le rendra. En effet, ce traité très clairement rédigé stipule que « toutes les Colonies que possédait la France au 1er janvier 1792, lui seront rendues, à l'exception de Tobago, Sainte-Lucie, l'Ile-de-France et ses dépendances, *nommément Rodrigues et les Séchelles.* »

Or, un agent britannique, sir Robert Farquhar, alors Gouverneur de l'Ile-de-France (aujourd'hui île Maurice), se basant sur ces mots « l'Ile-de-France et *ses dépendances* », refusa de rendre Madagascar, sous le fallacieux prétexte qu'il considérait cette île (l'une des plus grandes du monde !) comme « dépendance de l'Ile-de-France »

Il faut dire qu'officiellement le Gouvernement anglais désavoua son agent, et formellement lui ordonna de remettre aux autorités françaises nos établissements de Madagascar. Mais Farquhar n'était pas homme à abandonner ainsi son idée ; cette fois il refuse d'obéir aux ordres de son Gouvernement, il déclare que Madagascar est terre indépendante et que les Anglais comme les Français ont le droit de s'y établir. Enfin il fallut de longues et pénibles négociations pour que notre drapeau pût de nouveau flotter sur cette île. Ce ne fut qu'à la fin de 1818 qu'en présence de tous les chefs indigènes les commissaires reprirent solennellement possession au nom de la France.

Fort mécontents de leur échec, les Anglais qui n'avaient jamais cessé leurs agissements auprès des indigènes, qui les avaient sondés et travaillés par l'entremise de leurs missionnaires, eurent l'idée d'exciter contre nous les Hovas, petit peuple énergique, gouverné par un homme jeune et ambitieux. Alors que les autres chefs indigènes acceptaient la domination française, Radama 1er, chef des Hovas, dirigé et excité par les Anglais, se mit non seulement à nous braver mais déclara encore vouloir nous expulser de l'île. En 1825, à la tête de 4,000 soldats, il signifia au commandant français de Fort-Dauphin qu'il eût à quitter la place. Sur le refus de celui-ci, on arracha les drapeaux français et on les remplaça par les pavillons hovas.

Au lieu d'agir vigoureusement et de répondre comme il convenait à cette insulte faite à notre drapeau, le Gouvernement français resta inerte et indifférent. C'est en 1829 seulement qu'on se décide à venger la prise de Fort-Dauphin, et qu'une petite expédition, sous les ordres du commandant Gourbeyre, se met en route.

Radama venait de mourir, mais sa veuve, Ranavalo, encouragée par notre mollesse, poursuivait son œuvre de conquête sans se soucier de nous. Au mois de juillet, enfin, nos soldats débarquent à Tamatave ; le commandant Gourbeyre pose ses conditions, donne à la reine 20 jours pour répondre et pendant ce temps se rend à Tintingue où, avec l'aide d'un grand nombre d'indigènes qui fuyaient devant les Hovas, il relève le fort et y plante le drapeau français.

Ranavalo proteste et demande raison de cet acte. Le commandant répond par la prise de Tamatave et du fort de Larrée. Intimidée, la reine demande à traiter, et notre représentant se rend à Bourbon pour s'entendre avec les autorités à ce sujet. Mais la belliqueuse souveraine ne tarde pas à changer ses projets, et au retour du commandant elle ne veut d'aucun arrangement et refuse de traiter même sur les bases qu'elle avait elle-même proposées.

Il s'agissait donc de reprendre les armes, et pour cela il fallait des renforts ; mais on était à la veille de la Révolution de Juillet, et la France, toute troublée de luttes intestines, ne pouvait guère s'occuper de Madagascar. L'année 1830 se passa en négociations inutiles avec la reine, qui se montra intraitable et dont l'audace et l'insolence grandissaient à mesure que la France s'effaçait. Et notre pauvre gouvernement finit par tant s'effacer, qu'au mois de juin 1831 nos troupes reçurent l'ordre d'évacuer Madagascar, et que pendant une quinzaine d'années le Gouvernement français ne s'en occupa plus.

En 1845, la reine Ranavalo avertit les étrangers habitant Tamatave que dorénavant ils auraient à travailler comme des esclaves, qu'ils seraient même vendus comme tels, qu'il leur serait interdit de faire le commerce avec l'intérieur de l'île, qu'ils auraient à obéir aux Hovas, qu'ils seraient tenus à faire toutes les corvées de la reine et soumis à l'épreuve du tanguin.

Quinze jours de réflexion étaient accordés aux habitants et commerçants. « Si à ce terme ils n'ont pas accédé, dit la proclamation, leurs clôtures seront brisées, leurs marchandises livrées au vol et au pillage et eux-mêmes seront embarqués sur le premier navire qui se trouvera en rade. »

Et Ranavalo tint parole ; au jour dit, les marchandises et propriétés des Européens furent impitoyablement brûlées et pillées. A la nouvelle de cette conduite inqualifiable, de ces persécutions sans précédent, deux navires français et une corvette anglaise s'empressèrent de porter secours aux victimes.

Tamatave fut bombardé, et les positions ennemies enlevées, mais après une charge à la baïonnette qui nous coûta 18 hommes dont 3 officiers. Les Anglais eurent 4 morts et 12 blessés. Les Hovas s'emparèrent des cadavres européens, tranchèrent les têtes et les fixant au bout de piquets les placèrent en vue des côtes, et pendant de longues années les navires qui passaient purent voir ces tristes et horribles trophées.

L'indignation en France fut grande, et le premier mouvement fut d'ordonner une expédition que devait commander le général Duvivier. Puis on hésita, on discuta, on fit de l'honneur au drapeau une question politique, et le projet d'expédition échoua.

Cependant, malgré la haine de Ranavalo pour les Européens, deux Français entreprenants et habiles étaient arrivés à se créer auprès d'elle une grande situation, et à l'intéresser dans leurs entreprises. L'un d'eux, M. Laborde, avait établi près de Tananarive fonderies, forges, fabriques de porcelaine, de savon, etc. L'autre, M. de Lastelle, avait créé dans le voisinage de Tamatave des sucreries ; il élevait des bœufs par milliers, et dirigeait d'immenses exploitations agricoles. Un troisième français, M. Lambert, vint s'associer à leur œuvre, et ensemble ils formèrent le projet de faire exploiter par des ingénieurs Français les richesses de cette magnifique contrée. De concert avec le fils de Ranavalo, qui lui succèdera sous le nom de Radama II, il fut conclu qu'une grande Société serait créée pour l'exploitation des richesses minérales et forestières de Madagascar. En même temps, il fut stipulé avec le prince héritier qui éprouvait une grande sympathie pour les Français, que le protectorat de la France sur Madagascar serait déclaré.

M. Lambert fut envoyé en France pour

négocier cette affaire, et Napoléon III parut très favorable à ces projets commerciaux. Mais, *soucieux de ménager les Anglais et de leur complaire*, il voulut avoir leur consentement avant de prendre un engagement et dépêcha Lambert en Angleterre pour proposer que la nouvelle Compagnie fut formée par un nombre égal de Français et d'Anglais.

L'Angleterre refusa mais eut aussitôt le soin de faire embarquer pour Madagascar ses missionnaires, « *ces messagers de paix qui sont les avant-coureurs de la guerre, apôtres de la liberté qui sont les pionniers de la servitude.* »

L'agent principal de l'Angleterre, le méthodiste Ellis, fit vite et habilement sa besogne. Il dévoila à la Reine-Mère l'existence d'un noir complot tramé contre elle par les Français, complot ayant pour but de la détrôner et de la faire périr, et dont les chefs étaient Lambert, Laborde, et le propre fils de la reine, le prince héritier !

L'effet produit par ces « *révélations* » fut terrible ; les Européens furent chassés, beaucoup périrent, et les chrétiens indigènes furent massacrés. Voilà l'œuvre chrétienne et civilisatrice du missionnaire Ellis !

En 1861, Ranavalo la sanglante meurt ; son fils Radama II la remplace et le premier acte du jeune roi fut de rappeler auprès de lui les Français Lambert et Laborde, et de reprendre le projet de Compagnie française.

C'est peu de temps après l'avénement de Radama II que fut signé le Traité de 1862, traité qui accordait de grands priviléges à la Compagnie de Madagascar, il est vrai, mais par lequel la France faisait des concessions excessives et imprudentes, et par lequel Napoléon III reconnaissait le roi des Hovas comme roi de Madagascar, *sous réserve, il faut le dire, des droits de la France.*

L'influence française, cependant, grandissait dans ce pays, les projets de la nouvelle Compagnie commençaient à prendre corps, on travaillait, on espérait, et le jeune roi qui s'était pris de grande sympathie pour nos compatriotes se montra favorable à toutes leurs entreprises. Mais ce rayon de prospérité ne devait durer que ce que durent les roses ; — tout d'un coup, une révolution éclate, le roi meurt étranglé et sa veuve est proclamée reine, à la grande joie des Anglais. D'aucuns disent, et peut-être ont-ils raison, que c'est la main d'Ellis qui a organisé et fait éclore cette révolution de palais.

Quoiqu'il en soit, la nouvelle souveraine s'empressa de déclarer nul le traité de 1862, et Napoléon III, occupé alors au Mexique, au lieu de charger nos soldats de régler cette violation de traité, en chargea ses diplomates, qui pendant une année cherchèrent à renouer les négociations. Ils échouèrent, d'ailleurs, et finalement on se contenta d'une indemnité d'un million pour les membres de la Compagnie, obligés naturellement de suspendre leurs travaux et de renoncer à leur entreprise.

Pendant ce temps, plus habiles que nous, Anglais et Américains passaient des traités de commerce avec la reine des Hovas, ou plutôt avec son premier ministre tout puissant. Celui-ci absolument gagné par les Méthodistes ne voulut d'aucune convention avec la France.

Mais cinq années plus tard, en 1868, la reine mourut, et fut remplacée par sa cousine Ranavalo II. A peine montée sur le trône, la nouvelle souveraine reprit les négociations avec la France, et au mois d'août de la même année, un second traité de paix et de commerce fut signé entre Napoléon III et Ranavalo II. Traité regrettable et impolitique, dont le premier article imprudemment ainsi conçu « Il y aura désormais et à perpétuité paix, bonne entente et amitié entre Sa Majesté l'Empereur des Français et Sa Majesté la *Reine de Madagascar* » servit de prétexte aux Hovas pour soutenir que la France avait abandonné ses droits sur Madagascar, et reconnu les leurs sur toute l'île.

Le gouvernement hova ne tarda pas d'ailleurs à dégager la France par la violation ouverte des conventions. Et voici dans quelles circonstances. Ce traité de 1868 reconnaît formellement et garantit le droit de propriété des Français. De plus, un article dit que « *les biens des Français décédés à Madagascar ou des* Malgaches décédés sur territoires français, *seront remis aux héritiers* ou, à leur défaut, au consul. »

Or, en 1878, notre consul, M. Laborde, meurt, laissant à Madagascar des biens considérables, et, lorsque ses héritiers veulent en prendre possession, les Hovas s'y opposent. Nos agents eurent beau réclamer, faire valoir les termes du traité, montrer les titres de propriété, tous leurs efforts furent inutiles, les Hovas étaient de mauvaise foi. Enfin, en 1881, le gouvernement de Ranavalo transmit aux autorités françaises un refus absolu de rendre quoi que ce soit. En même temps, les pavillons hovas furent arborés sur plusieurs points soumis à notre protectorat. Notre consul, M. Baudais, fut menacé de mort et dut quitter Tananarive ; son chancelier, resté au consulat, fut de même insulté, et un placard affiché sur les murs du consulat déclarait qu'on jetterait son cadavre en pâture aux chiens. Il dut se réfugier à Tamatave auprès du consul. Deux jours plus tard, un Français, directeur d'une plantation de café, fut assassiné, sa maison pillée et brûlée. Le Gouvernement hova, cependant, faisait distribuer aux soldats de la garde 250 fusils Remington.

La France enfin se décide à agir — il était temps — et le 15 février 1883, l'énergique et vaillant contre-amiral Pierre fut envoyé à Madagascar comme chef d'expédition, avec mission de chasser les Hovas de toute la côte, depuis Majunga jusqu'à la baie d'Antongil.

Dès son arrivée les opérations commencent ; de suite il fait évacuer par l'ennemi et occuper par nos troupes tous les postes des territoires soumis à notre Protectorat. Il fait ensuite remettre à la reine des Hovas son ultimatum. Le gouvernement de Ranavalo II n'en tient pas compte, et aussitôt Tamatave est bombardé, la ville et la douane sont prises, Foulepointe est détruite, ainsi que Mahambo et Fénérive, et la dépêche qui annonçait ces victoires portait : « Les Hovas sont en fuite, et nous n'avons pas de blessés. » L'amiral Pierre avait admirablement exécuté le programme tracé, mais, déjà gravement malade, il ne rentrera en France que pour y mourir.

Il fut remplacé par l'amiral Galiber, qui continua l'œuvre, sans toutefois arriver à une solution.

Le 27 mars 1884, la Chambre des Députés vota un crédit de 5 millions et pressa notre nouveau chef, l'Amiral Miot, d'agir vigoureusement. Celui-ci signifia à la Reine des Hovas, que la République Française « *était résolue, pour terminer les affaires de Madagascar, de ne reculer devant aucun moyen* », et se mit à la besogne. Sa première opération fut le bombardement et la prise de Mahanourou, puis Fénérive et Vohémar tombèrent entre nos mains. Au commencement de 1885 nous étions maîtres de la baie de Diego-Suarez et de toute la côte nord de Madagascar.

Nous avions pourtant affaire à des adversaires auxquels on avait su faire mettre à profit le temps perdu par nous. Pendant que nous avions discuté et délibéré, ils avaient fait venir des armes et des instructeurs, ils avaient appris à se servir de nos armes de précision à tir rapide, grâce au dévouement de nos bons amis les Anglais.

Dès la fin de 1884, les dépêches de Madagascar nous montrent assez clairement le véritable ennemi. Au mois de novembre, l'amiral Miot s'exprime ainsi : « L'ennemi s'est signalé cette fois par une régularité de manœuvres inusitée : il était évidemment dirigé par des Européens. » Plus tard il dit : « Il n'y a aucun doute à avoir sur leur direction : ce sont certainement des officiers européens qui les conseillent. »

Ainsi dirigés, les Hovas devenaient chaque jour plus gênants, et l'Amiral qui à la fin de 1884 demandait 2,000 hommes de renfort en réclamait au mois de mars de l'année suivante de 3 à 4,000. Plus on attendait et plus grand devenait le sacrifice nécessaire pour soutenir l'honneur de la France et les intérêts de ses nationaux.

Le 27 juillet, il y eut à la Chambre des Députés un débat des plus passionnés sur cette question de Madagascar, débat qui se termina par un vote de crédit de 12,190,000 francs.

Là-bas cependant les négociations se poursuivaient aussi bien que les opérations militaires, et à la fin de cette année 1885, M. de Freycinet vint annoncer à la tribune qu'elles avaient abouti, et qu'un traité de paix avec les Hovas venait d'être conclu.

Nous faisons de grandes concessions, il est vrai, nous reconnaissons Ranavalo III comme reine de Madagascar, mais en retour nous établissons notre *Protectorat sur toute l'île*, et quand nous saurons rendre vraiment effectif notre protectorat, la France fera de grandes choses à Madagascar — ce pays si merveilleusement riche et si admirablement situé, avec ses ports vastes et nombreux et son climat salubre presque partout, quoiqu'en disent les Anglais.

L'abondance d'eau partout, les grandes différences d'altitude et la constitution géologique de l'île rendent Madagascar propre à toutes les cultures. On y trouve les produits des pays tempérés, comme ceux des pays tropicaux. Il y a peu de climats où la canne à sucre réussisse comme à Madagascar ; le café qu'on y récolte est excellent ; le riz est cultivé sur une très grande échelle ; le tabac, le caoutchouc, le mûrier, le coton, l'indigo, la soie s'y trouvent en abondance à côté des produits de nos pays tels que blé, chanvre, vigne, etc. ; presque tous nos légumes y poussent ; les pommes de terre notamment sont de qualité excellente et nos arbres fruitiers, cerisiers, pommiers, poiriers, etc., donnent de belles récoltes. Les forêts immenses fournissent des bois de construction et d'ébénisterie, acajou, ébène, bois de roses, etc.

Les beaux pâturages de Madagascar nourrissent d'innombrables troupeaux de bœufs, de moutons, de porcs ; le cheval y vit bien ; la volaille y est si commune qu'elle n'a aucune valeur ; partout le gibier abonde, les cours d'eaux sont poissonneux, les abeilles fournissent un miel estimé, et le ver à soie s'élève facilement.

Les richesses minérales de Madagascar ne le cèdent en rien aux productions végétales et animales. On rencontre le fer presque partout ; il existe d'importantes mines de cuivre et de plomb ; le mercure, l'argent, l'étain s'y trouvent, ainsi que l'*or*. Et, chose non moins précieuse, ce pays renferme de vastes gisements de *houille*. Le marbre blanc est assez commun vers le centre de l'île, le cristal de roche est abondant et d'une grande beauté, et dans plusieurs endroits on rencontre le bitume.

Madagascar possède d'excellents mouillages et de très beaux ports. Les principaux sont Tamatave, centre de commerce très actif, Vohémar, Tintingue, Fénérive, Foulepointe et Mahanoro échelonnés sur la côte est de l'île. A l'ouest, nous trouvons Majunga. La baie de Diégo-Suarez au nord-est où l'on pourrait établir un admirable port militaire a été cédée à la France en toute propriété par le traité de 1885.

Nous y avons créé une Colonie, qui s'est prodigieusement développée depuis 3 ans et à laquelle est réservé un magnifique avenir.

On vient de rattacher à la Colonie de Diégo-Suarez nos deux anciennes petites Colonies de Nossi-Bé et Sainte-Marie-de-Madagascar, deux îles du littoral de la *France Orientale*. Le tout commence à constituer une magnifique Colonie qui a son siège à Antsirane.

Que la France se hâte, qu'elle fasse quelque chose à Madagascar, ce grand beau pays sous notre protectorat. Nulle part au monde elle ne trouvera un champ d'exploitation mieux fait pour récompenser son esprit d'entreprise coloniale.

ILES VOISINES de Madagascar

SAINTE-MARIE DE MADAGASCAR, NOSSI-BÉ, MAYOTTE, LES COMORES, LES SÉCHELLES, LES GLORIEUSES ET LES ALDABRAH.

SAINTE-MARIE DE MADAGASCAR

A l'est de Madagascar, à 6 kilomètres de la côte environ, se trouve la très petite île de *Sainte-Marie* que la reine Béty céda à la Compagnie des Indes en 1750, et que nous avons constamment occupée depuis.

C'est une très jolie Colonie que cette île, beaucoup plus jolie et beaucoup moins insalubre qu'on ne le dit. Elle vaut mieux que sa réputation. L'amiral Galiber lui-même dit que c'est une perle et que si elle n'existait pas il faudrait l'inventer. L'amiral Miot y a fait installer, dans les bâtiments du bel hôpital de la Marine, les malades arrivés du Tonkin avec la fièvre typhoïde.

La population est très douce, très dévouée à la France qui y recrute d'excellents matelots. Elle compte environ une centaine de colons et possède sur sa côte ouest, juste en face Tintingue, un très beau port naturel accessible aux plus grands bâtiments. Ce port est défendu par deux îles rocheuses : l'*îlot Madame*, sur lequel on a construit chantiers, magasins et casernes, et l'*île aux Forbans*. Nos marins y trouvent un abri, en même temps que du bois, et tout ce qu'il faut pour la réparation de leurs navires.

Le chef-lieu de cette petite Colonie est Port-Louis, joliment situé au milieu de cocotiers et de manguiers. Le giroflier vient fort bien à Sainte-Marie, et chaque année on exporte des clous de girofle pour une somme de 150 à 200.000 fr. Le caféier s'y trouve bien, ainsi que la canne à sucre et la vanille.

Depuis quelques années, cultures et commerce semblent s'être considérablement développés. Aujourd'hui le courrier régulier de la Réunion à Marseille par la côte africaine fait escale à Sainte-Marie et facilite ainsi les relations.

Sainte-Marie vient d'être rattachée à la Colonie de Diego-Suarez.

NOSSI-BÉ

Nossi-Bé, dont le nom sakalave signifie l'Ile Grande, est située près du rivage nord-ouest de Madagascar. Elle devint nôtre en 1840, lorsque la reine Tsioumeick, pressée par ses ennemis les Hovas, se mit sous la protection de la France; elle nous céda alors tous ses droits de souveraineté.

Le sol volcanique de cette île est d'une très grande fertilité. La canne à sucre, qui y vient parfaitement, est cultivée assez en grand pour alimenter 18 sucreries. L'indigo et la vanille donnent de forts bons résultats, ainsi que le riz et le manioc.

Nossi-Bé qui s'élève à l'entrée de la superbe baie de Passandava, possède d'excellents mouillages ; elle est facile d'accès, son climat est relativement sain, et sa population dense. En dehors des commerçants indigènes, qui sont nombreux, cette Colonie compte trois maisons de commerce, une française, une anglaise et une américaine.

La capitale, *Hellville*, ainsi appelée en souvenir de son fondateur, le contre-amiral de Hell, Gouverneur de Bourbon, possède un appontement qui permet le déchargement des navires par toute marée; sa jetée est pourvue d'un chemin de fer Decauville; on y trouve des magasins à charbon, et plus d'une fois, pendant nos hostilités contre les Hovas, ce port français nous a rendu de grands et réels services.

Nossi-Bé vient d'être aussi rattachée à Diégo-Suarez.

MAYOTTE

Mayotte, la plus méridionale des îles Comores, est un volcan de plus de 600 mètres de hauteur, couvert de forêts et encerclé de corail.

C'est en 1840 qu'un navire français, la *Prévoyante*, abordait sur cette petite terre où il trouva comme souverain une sorte d'aventurier, qui après une vie tourmentée avait fini par se draper dans la royauté de Mayotte. Immédiatement le lieutenant Jethenne, commandant du navire, se mit en relations avec lui, et le résultat de leurs négociations fut la cession de l'île à la France, moyennant une rente annuelle de 5,000 fr. et la promesse que deux des enfants d'Andrian Souli, souverain de Mayotte, seraient élevés au lycée de la Réunion. Louis-Philippe ratifia ce traité, et en 1843 on prit possession de la nouvelle Colonie au nom de la France.

Les ressources de Mayotte sont considérables, le sol est fertile, la canne à sucre, la vanille, le coton y poussent admirablement ; les fruits abondent ; on récolte la gomme copal, et les forêts fournissent du bois d'ébénisterie et de construction navale.

On exporte sucre, rhum et vanille.

Malheureusement le climat humide et marécageux de Mayotte ne convient guère aux Européens. Ils y sont exposés aux fièvres et, en général, ne peuvent pas supporter plus de deux années de séjour sans aller ailleurs se retremper et respirer un air plus pur.

La capitale de Mayotte est *Dzaoudzi*, localité relativement salubre. En 1843, cette petite île comptait 1,200 habitants, aujourd'hui elle en a 11,000.

ILES COMORES

En dehors de Mayotte le groupe des Comores comprend la *Grande Comore, Anjouan et Mohéli*. Nous en avons le Protectorat.

La *Grande Comore*, l'île la plus septentrionale du groupe, s'étend sur une longueur de 10 à 11 lieues ; elle en a environ 5 à 6 de large. Elle ne possède pas de ports, quelques mauvais mouillages seulement, et ses côtes très arides ont un aspect désolé. Mais dans l'intérieur de l'île, bien qu'on ne rencontre pas d'eaux courantes, l'humidité est assez grande pour que la végétation soit belle. On y découvre d'excellents pâturages où paissent des bœufs en très grand nombre, ainsi que des cabris. Il y a de fort beaux arbres, et sur certains points les cocotiers et les bananiers abondent.

Les habitants sont forts et très grands.

Il y a quelques années, Saïd-Ali, sultan de la Grande Comore, conclut un traité de commerce avec un négociant français, mais les chefs des îles voisines inquiets de voir les Français s'établir si près d'eux, voulurent les renvoyer, et attaquèrent Mourouni, chef-lieu de la Grande Comore. Du renfort fut immédiatement envoyé pour protéger nos nationaux et leur alliés, et aujourd'hui notre protectorat est bien établi sur cette île.

Anjouan, dont le sol est fertile et le climat excellent est située à 20 lieues environ de Mayotte. Pendant longtemps les navires qui se rendaient dans l'Inde relâchaient à Anjouan, et jusqu'à ces temps derniers les Anglais y avaient un dépôt de charbon.

Il y a une trentaine d'années, le sultan de cette île se mit sous le protectorat de l'Angleterre, qui s'engagea solennellement à la défendre contre tout ennemi étranger. Mais vers 1881, des difficultés étant survenues entre le sultan et des

Américains établis dans l'île, celui-ci réclama aide et protection à l'Angleterre; alors cette puissance, au lieu de l'appuyer, l'abandonna complètement, manquant ainsi aux conditions du traité de protectorat. Le sultan, justement irrité, dénonça le traité et demanda protection à la France.

Le chef-lieu d'Anjouan est *Makhadou*.

Mohéli est la plus petite des Comores. C'est ici que M. Lambert * vint s'établir lorsqu'il dût quitter Madagascar. Il créa une sucrerie, et pendant un instant on put croire que, grâce à lui, l'île deviendrait terre française. Malheureusement cet espoir ne put se réaliser, mais aujourd'hui enfin le protectorat français définitivement proclamé a réalisé les vues de M. Lambert.

Le sol de Mohéli est fertile, et son climat assez agréable. Sa population est de 6,000 habitants environ.

---

* Voir chap. Madagascar.

GABON-CONGO

Le Gabon-Congo, ce pays de lianes et de forêts vierges, avec ses troupeaux d'éléphants et d'antilopes, ses bœufs sauvages, ses cours d'eau, peuplés de caïmans et d'hippopotames, ce pays de chasse et de pêche qui, malgré les explorateurs, garde encore un parfum de mystère et d'inconnu, n'est pas sans attraits pour les esprits amoureux d'aventure.

Ce qu'on appelle aujourd'hui le Congo français, ancien *Ouest Africain*, est tout ce territoire qui s'étend sur la côte de l'Afrique occidentale, depuis le golfe de Biafra, au nord, jusqu'à l'embouchure du Congo, au sud ; le cours de ce dernier fleuve, depuis son embouchure jusqu'à l'Equateur, forme la limite sud-est de notre territoire ; quant à sa limite nord, il est actuellement impossible de la déterminer. Notre ancienne colonie du Gabon n'est plus qu'un point enclavé dans ce vaste triangle.

Nos premières relations avec cette région datent de 1839. C'est alors que le commandant Bouët-Wuillaumez, envoyé au *Gabon* pour traiter avec les chefs du pays, prépara les voies pour la création d'un poste, lequel devait servir à la marine française comme port de relâche où ses navires iraient s'abriter, se réparer et se ravitailler. Ce poste avait un autre but : celui de surveiller et supprimer la *traite*, ce commerce infâme de chair humaine qui se faisait alors très activement sur la côte d'Afrique, et que la France et l'Angleterre s'efforçaient d'abolir.

En 1839, le premier traité fut signé, et deux ans plus tard, notre drapeau aux trois couleurs flottait à titre officiel sur l'estuaire du Gabon. En 1844, un nouveau traité confirma notre prise de possession, et peu de temps après on fondait Libreville sur la rive droite du Gabon. En 1862 un troisième traité agrandit notre territoire, mais sans apporter richesse ou prospérité. Notre pauvre Colonie méprisée, mal administrée, presque abandonnée ne prendra de la valeur que le jour où une série de postes la reliera au Congo par le beau fleuve Ogôoué et les rivières Licona et Alima.

Le premier qui ait exploré le bassin de l'Ogôoué est Du-Chaillu ; après lui Marche et Compiègne reprirent son œuvre de reconnaissance, et, poussant plus loin, remontèrent le fleuve jusqu'à 450 kilomètres vers l'intérieur. Mais, c'est à l'intrépide et habile Savorgnan de Brazza surtout que nous devons la conquête pacifique de notre Congo français, ce vaste territoire plus grand que la France d'un quart.

C'est en 1875 que M. de Brazza entreprit son premier voyage sur l'Ogôoué. M. Marche, le seul survivant de la précédente expédition, et dont l'expérience fut précieuse, l'accompagna.

Le voyage dura trois ans, 1875-78 ; on remonta l'Ogôoué jusqu'au bassin de l'Alima et de la Licona, que de Brazza reconnut comme affluents du Congo et navigables tous deux. Dirigée d'une façon remarquable, cette expédition eut des résultats considérables, « Brazza avait non seulement accompli une magnifique exploration, mais encore il avait gagné les populations, si diverses de races, de langues, de mœurs, qui vivent sans lien politique, entre la côte et le bassin central du Congo ; il les avait disposées à renoncer à leurs innombrables monopoles, à vivre sous notre influence, à accepter notre direction ; nous pouvions désormais suivre en toute sécurité la voie de l'Ogôoué, pour pénétrer dans l'Afrique centrale équatoriale. »

Pendant que de Brazza explorait ainsi le Haut-Ogôoué, l'américain Stanley descendait le Congo jusqu'à son embouchure, après avoir traversé dans toute sa largeur le continent africain, et plus d'une fois les Français trouveront sur leur chemin cet agent de l'*Association Internationale Africaine*.

En 1880, de Brazza partait pour un second voyage. Le Parlement lui avait voté un crédit de 100,000 francs pour continuer son œuvre et installer dans ce pays neuf deux stations françaises. Il fonde en effet la très importante station de Franceville sur le Haut-Ogôoué, et celle de Brazzaville en amont des chutes du Congo. Mais ce n'est pas tout, ce n'est même là qu'une petite partie de l'œuvre accomplie par cette brillante expédition.

C'est au mois d'octobre 1880 que de Brazza conclut avec le roi Makoko un traité qui nous rend maîtres absolus du territoire autour de Brazzaville, et nous donne en outre le protectorat de tout le royaume de Makoko, qui s'étend sur les deux rives du Congo.

Ayant constaté que l'Ogôoué ne peut servir comme grande voie de communication avec le Haut-Congo, de Brazza chercha ailleurs et trouva plus au sud la vallée de Niari-Quillou qui lui parut pratique et facile. Puis, en 1882, il rentra en France rendre compte de sa mission au Gouvernement. Mais, pendant même qu'il faisait connaître ses découvertes et ses travaux et qu'il en projetait d'autres, Stanley, de retour au Congo, cherchait à créer des postes dans la vallée du Niari découverte par l'explorateur français.

De Brazza pressa donc le Gouvernement français de ratifier le traité conclu avec le roi Makoko le plus vite possible, et de prendre officiellement sous son protectorat les États que ce souverain nous offrait. C'était en effet urgent. Il proposa en outre l'organisation d'une nouvelle mission qui aurait pour premier but d'établir des postes assez nombreux pour rendre effective notre occupation de l'Ouest Africain, d'étudier ensuite le pays au point de vue économique et scientifique, de conclure des traités avec les chefs indigènes, et d'explorer le bassin central du Congo.

L'opinion publique donna toutes ses sympathies à ce jeune officier qui soutenait si brillamment et si vaillamment les intérêts de la France au loin, qui cherchait à étendre son influence et à augmenter sa richesse; elle s'enthousiasma même pour son œuvre grandiose. Cet enthousiasme gagna nos députés, nos ministres, et le 30 novembre 1882, les traités passés avec le roi Makoko furent ratifiés. Six semaines plus tard on votait un crédit de 1,175,000 fr. pour subvenir aux dépenses de la nouvelle mission. Ce crédit fut voté par 440 voix contre 2.

On sentait que la France allait jouer un grand rôle dans l'Ouest Africain, il fallait donc que son représentant dans ce pays fut muni de grands pouvoirs ; c'est pourquoi un décret de février 1883 nomma de Brazza *Commissaire du Gouvernement de la République Française dans l'Ouest Africain.*

Le mois suivant, il partait pour son troisième voyage, et aujourd'hui nous pouvons dire que cette mission de l'Ouest Africain a consciencieusement et grandement fait son devoir.

Les renseignements scientifiques et économiques qu'elle nous a fournis sont innombrables : levers géographiques, dessins, photographies, collections précieuses, rapports sur les ressources du pays et les développements dont elles paraissent susceptibles, etc. Les traités passés avec les chefs indigènes pour faciliter ou avantager notre commerce et affermir notre autorité sont nombreux ; 26 postes sont déjà établis.

En somme, de Brazza et ses compagnons ont acquis pour la France, à peu de frais, une Colonie belle et fertile. Inondée qu'elle est de soleil comme de pluie, la végétation y est vigoureuse et rapide. Partout on rencontre des bois tinctoriaux, bois de campêche, de santal, d'ébène, etc. ; partout aussi la canne à sucre, le tabac, le cacao. L'huile de palme est une des richesses du pays ; on en exporte beaucoup ; on exporte également les amandes de palmistes, les arachides, le caoutchouc, l'ivoire, les peaux, la gomme copal, etc.

Dans le bassin du Niari-Quillou on trouve du cuivre et de l'argent, et dans le bassin de l'Ogôoué le fer est abondant.

Certes, le pays vaut un effort et un sacrifice. Bien organisé et sagement administré, il rembourserait au centuple l'or et le labeur dépensés. Continuons donc à nous soucier de notre Gabon-Congo ; le pays est conquis, il s'agit maintenant d'en tirer le meilleur parti possible, et si nous le voulons ce parti peut être merveilleux.

La création de la Ligne française mensuelle de la Côte Occidentale d'Afrique, qui desservira tous les établissements français, et qui vient d'être solennellement inaugurée au Hâvre (4 juillet 1889), favorisera puissamment les efforts tentés, qui méritent les plus beaux résultats.

GUINÉE

Toute cette partie de la côte africaine qui s'étend entre Sierra Léone au nord, et le Gabon au sud, s'appelle aujourd'hui *Guinée*.

Nos marchands Dieppois et Rouennais, de tout temps amoureux de voyages et d'aventures, paraissent avoir été les premiers Européens qui aient visité et fréquenté ces parages. Dès l'année 1339, longtemps avant l'arrivée des Portugais, les navires Dieppois allaient y chercher de l'or, de l'ivoire, de l'ambre, du poivre et d'autres denrées précieuses. Bientôt la côte fut parsemée de *loges* ou comptoirs, où chaque année les indigènes de l'intérieur venaient avec leurs marchandises pour les troquer contre les objets européens apportés par nos marins.

Cinquante années plus tard, les *loges* ne suffisent plus, et c'est une véritable Colonie que fondent les Dieppois : la colonie de la *Mine* qui ne tarde pas à prendre un grand développement. On bâtit un fort, une église, et la Mine devient un centre de commerce très actif.

Mais avec la désastreuse Guerre de Cent ans, qui frappa tout particulièrement la Normandie et laissa les Anglais maîtres de villes telles que

Rouen et Dieppe, plus de commerce, tout fut paralysé. La France envahie par l'étranger eut besoin de tous ses enfants et ne pût songer à des colonies lointaines. Quelques armateurs énergiques luttèrent pendant un certain temps encore, puis finirent par tout abandonner, comptoirs et Colonie. Les Portugais arrivant à leur tour chassèrent nos marchands, s'installèrent à notre place, et pendant de longues années, pendant des siècles même, les côtes de Guinée avec leurs richesses furent oubliées, du moins chez nous.

COTE D'OR

C'est en 1842 seulement que la France, sur la demande de plusieurs maisons françaises qui faisaient grand commerce avec ce pays, acheta des terrains sur la Côte d'Or. Des traités passés avec Amatifou, roi d'Assinie, et plusieurs chefs du Grand-Bassam, nous assurèrent la liberté de commerce dans ces contrées, et l'ouverture des routes pénétrant dans l'intérieur du pays. De son côté, la France s'engageait à payer une *coutume* annuelle.

A la suite de ce traité, trois postes français furent établis : *Assinie, Grand-Bassam, Dabou.*

Au point de vue climatérique, la Guinée se partage en deux régions : le littoral marécageux et insalubre, l'intérieur relativement sain; toutes les deux sont fertiles. Le coton y pousse ainsi que le café, la canne à sucre, l'indigo, le tabac, le riz, le poivre, en un mot tous les produits des tropiques. Mais le littoral seulement est à nous, et là le climat défend aux Européens la culture de la terre; aussi, à l'heure actuelle, les seuls objets recherchés par nos commerçants dans ces parages sont la poudre d'or et l'huile de palme.

Or, Grand-Bassam était en voie de devenir le grand entrepôt d'huile pour toute la Guinée, tandis qu'Assinie devenait un marché important pour la poudre d'or, lorsqu'en 1870, le Gouvernement fit abandonner ces deux comptoirs, ainsi que Dabou. On continua néanmoins à payer la *coutume*, et la France conserva sur le pays ses droits de protectorat.

Après l'évacuation, une seule maison française demeura dans notre territoire délaissé, la maison Verdier, de La Rochelle. M. Verdier prit le titre de résident; il sut inspirer confiance aux indigènes, résister au Gouverneur de la Côte-d'Or anglaise, et si aujourd'hui Assinie et Grand-Bassam sont des comptoirs français, c'est à la vigueur de cette maison de commerce et à l'habileté de ses représentants que nous le devons.

COTE DES ESCLAVES

Plus à l'est, sur la Côte des Esclaves, la France possède encore le petit royaume de Porto-Novo, qui, en 1864, s'est mis sous notre protectorat. Les indigènes nous sont fort attachés, et en 1868 notre voisin, le roi de Dahomey, pour consolider notre établissement à Porto-Novo, nous céda volontairement et spontanément le petit port de *Kotonou*, le seul que possède notre protectorat.

Le principal commerce d'exportation est

l'huile et les amandes de palmes. On exporte aussi un peu d'arachides et une petite quantité d'ivoire.

En dehors de Porto-Novo, il faut citer quelques factoreries fondées par des négociants marseillais, principalement les maisons Régis et Fabre. Ces établissements sont Porto-Seguro, Petit-Popo, Agoué et Grand-Popo.

Les Anglais qui nous coudoient à l'est seraient fort enchantés de se trouver maîtres de nos possessions sur cette Côte des Esclaves. En 1870 ils firent une tentative pour s'en emparer, mais repoussés par les indigènes, ils durent se retirer. En 1875 ils revinrent à la charge, mais sans plus de succès, grâce au capitaine Cardonnet, représentant de la maison Régis. Cet homme remarquablement énergique, aussi habile diplomate que brave Français, sut ménager nos intérêts et sauvegarder notre honneur.

Plus tard encore, en 1885, le Portugal éleva quelques prétentions sur la ville de Kotonou, mais aujourd'hui il reconnaît les droits de la France, et nous demeurons tranquilles possesseurs de ce petit port, comme de tous nos établissements de la Côte. Il ne faudrait cependant pas oublier que la vigilante Albion est là qui nous surveille, que ses agents sont à la frontière, mal définie du reste, guettant chaque mouvement comme un chasseur à l'affut, et prêts à envahir si l'occasion se présente.

En vertu d'une convention toute récente, nous avons cédé à l'Allemagne Porto-Seguro et Petit-Popo.

Le SÉNÉGAL

Au xive siècle, les Dieppois, ces hardis navigateurs, ces actifs commerçants qui parcouraient le monde à la recherche de la fortune, trafiquaient déjà sur la côte africaine, depuis le Cap-Vert jusqu'au golfe de Bénin. Mais c'est en 1626 seulement qu'ils s'établissent sur les rives du Sénégal et, protégés par la puissante main de Richelieu, fondent une véritable Colonie française.

Les débuts de cette Colonie, l'histoire de ses premières années ne sont connus que vaguement. Nous savons que nos compatriotes eurent à lutter contre les Hollandais, qui cherchaient à attirer vers Gorée et d'autres établissements qu'ils possédaient sur la côte tous les produits de l'intérieur, ruinant ainsi le commerce français. Après Richelieu, Colbert s'intéresse à notre France africaine, dont il fait l'acquisition pour la Compagnie des Indes Occidentales, qu'il venait de fonder. Mais cette protection quasi-royale ne suffit pas pour la faire prospérer. Mal administrée par des agents incapables, intéressés et souvent malhonnêtes, son histoire pendant vingt ans n'est qu'une suite de fautes, de faiblesses et de revers. Les Compagnies succèdent aux Compagnies sans plus réussir les unes que les autres, jusqu'à l'arrivée d'André Brüe qui, par son activité, la largeur de ses vues et son esprit hardi et entreprenant, releva la fortune de la Colonie languissante.

Dès son arrivée comme Directeur de la Compagnie du Sénégal, il résolut de se rendre compte par lui-même, et sur les lieux, de ce qu'il y aurait à faire dans l'intérieur pour ouvrir de nouveaux débouchés à notre commerce, et pour rétablir le prestige français fortement compromis.

Pendant les vingt-sept années que dura son administration, de 1697 à 1724, la Colonie prospéra, notre commerce prit une grande extension, et l'influence française s'étendit dans l'intérieur du Soudan Occidental.

Brüe eut plusieurs successeurs intelligents et consciencieux qui cherchèrent à consolider son œuvre, mais la malheureuse guerre de Sept ans, dans laquelle a sombré notre puissance maritime et coloniale, nous enleva le Sénégal, qui passa en 1758 à la couronne d'Angleterre. Vingt-cinq ans plus tard, l'Angleterre nous le rendra pour le reprendre de nouveau en 1800, et ce n'est qu'en 1817 que notre drapeau flottera définitivement sur cette terre féconde.

Mais pendant longtemps encore la situation est loin d'être satisfaisante; rien ne prospère, le Sénégal est considéré comme une terre maudite. Cet état de choses était dû principalement au manque de suite dans la direction des affaires.

En effet, de 1817 à 1854 (une période de 37 ans), on vit passer 31 gouverneurs.

En 1854 une ère nouvelle s'ouvre pour la Colonie. A ce moment, les commerçants de Bordeaux qui faisaient des affaires avec le Sénégal adressèrent au Gouvernement des pétitions pour obtenir certaines réformes urgentes, et en réponse à ces réclamations le Ministre de la marine dressa tout un plan de réformes énergiques dont il confia l'exécution au commandant Faidherbe, selon les désirs exprimés par nos colons.

Relever notre prestige, faire respecter notre drapeau, étendre et affermir notre influence commerciale : voilà le but que se propose le commandant Faidherbe, et que, grâce à sa grande vigueur et à son activité intelligente, il atteindra.

Le premier souci du nouveau Gouverneur fut de débarrasser les environs de Saint-Louis des Maures pillards qui, avec une audace incroyable, venaient ravager les villages indigènes, enlevant les troupeaux, attaquant les marchands, semant la terreur sur toute la rive gauche. Il fallait de toute nécessité les en chasser et les confiner sur la rive droite.

Sous la direction de Faidherbe lui-même, on organise de nombreuses expéditions ; les brigands sont pourchassés sans trêve ni repos; par la pluie comme par le soleil on marche, le Gouverneur est toujours là, prêchant d'exemple. Pendant plus de trois années on guerroie incessamment jusqu'à ce qu'épuisés, fatigués de lutter sans jamais vaincre, repoussés sur la rive droite, les Maures demandent à traiter.

Plusieurs provinces sont annexées à notre Colonie, on crée des postes fortifiés, les *coutumes* sont abolies et remplacées par des droits fixes; — les résultats acquis sont en tous points satisfaisants.

Mais pendant même que nos soldats étendaient ainsi et consolidaient notre influence, un marabout toucouleur qui avait rêvé de se tailler un empire musulman dans le Soudan Occidental cherchait à soulever contre nous le Fouta et le Khasso, dans l'espoir d'isoler les postes du Fleuve de Saint-Louis. Ce marabout, El-Hadj Omar, un pèlerin revenu de la Mecque avec une grande réputation de sainteté, était un guerrier intrépide, un homme éloquent et habile. Il se déclara le successeur du grand Prophète, envoyé de Dieu, et ne tarda pas à réunir autour de lui 20,000 fanatiques qui propagèrent la foi de Mahomet par le fer et la flamme.

Ces rudes apôtres se jetèrent d'abord sur le riche pays de Bambouk. Passant ensuite dans la vallée du Niger, ils attaquèrent Segou dont ils voulurent s'emparer, mais les fétichistes se défendirent avec une fureur telle qu'El-Hadj et ses guerriers durent se retirer précipitamment.

Refoulée vers le nord, toute cette horde se répandit alors dans le pays de Kaarta, fauchant tout devant elle, n'épargnant rien ni personne.

Après cette sanglante campagne, El-Hadj voulut retourner dans le Fouta avec son butin, mais, en chemin, il rencontra le fort français de

Médine et aussitôt résolut de s'en rendre maître, espérant par ce coup d'éclat rehausser encore son prestige.

Ce fort, création de Faidherbe, était situé sur le Sénégal quelque peu en aval de la cataracte de Félou. La garnison se composait de 48 hommes, dont 6 Français seulement, mais la bravoure, l'intelligence et la fermeté de son chef, Paul Holl, tiendront lieu des ressources qui manquent.

Pendant 97 jours, l'héroïque petite garnison résiste aux 2,000 El-Hadjistes, jusqu'à ce que Faidherbe accouru en toute hâte ait dispersé et détruit l'armée du prophète (1857). Cette superbe résistance établit d'une façon éclatante et solide la puissance française dans le Haut Fleuve.

Après la période de lutte vint celle des conquêtes pacifiques. De nombreuses explorations nous font connaître le Soudan Occidendal. Le sous-lieutenant Pascal explora le Bambouk ; Lambert parcourut tout le Fouta-Djallon et y passa plusieurs Traités. Mais la plus remarquable parmi ces explorations est celle de Mage et Quintin envoyés à Ségou, comme ambassadeurs du Gouverneur du Sénégal auprès de El-Hadj-Omar, ce même marabout qui nous avait suscité tant de difficultés et qui avait fini par se créer dans le Soudan un vaste et puissant empire.

La mission donnée par Faidherbe à ces deux envoyés était « d'explorer la ligne qui joint nos établissements du Haut Sénégal avec le Haut Niger, et spécialement avec Bamako. »

D'autre part, dans notre Colonie même, on

traça des routes, on construisit des ponts, on établit des lignes télégraphiques, on bâtit des casernes et des écoles. A Saint-Louis on fonda une Banque, un Musée, un Journal, en un mot, on se préoccupa non-seulement des intérêts commerciaux des colons, mais aussi de leur bien-être et de leur agrément. On s'efforça d'assainir le pays, de rendre son séjour plus agréable aux Européens, et de créer pour eux quelques-unes des commodités de la mère-Patrie.

De 1865 à 1876 tout se passa tranquillement. Quelques comptoirs furent fondés dans les Rivières du sud, on construisit quelques postes dans le Cayor ; mais tout projet d'extension vers le Niger fut abandonné.

En 1876, le colonel Brière de l'Isle fut nommé Gouverneur du Sénégal, et une période de très grande activité s'ouvre pour la Colonie. On reprend les projets abandonnés et la marche en avant.

En France, vers ce moment, il y eut comme un réveil de l'esprit d'initiative, un courant vers les entreprises coloniales, et le Gouvernement entraîné par l'opinion publique encouragea vigoureusement ce mouvement d'expansion. En 1879, la Chambre des Députés, acceptant le projet d'un chemin de fer du Sénégal au Niger, vota les crédits nécessaires aux premières études. Ce chemin de fer était divisé en 3 sections. La 1re devait traverser le Cayor pour relier St-Louis à Dakar, (celle-ci est terminée et fonctionne depuis deux ans déjà) ; la 2me section, partant de cette ligne du Cayor devait rejoindre Médine, et la 3me, plus difficile, mais aussi plus importante, continuait depuis Médine jusqu'à Bamakou sur le Niger, nous mettant ainsi en communication avec le Soudan central, cette riche et admirable contrée.

Le colonel Brière de l'Isle, alors Gouverneur du Sénégal, fut chargé de l'exécution de ce projet. Immédiatement, il fit partir les reconnaissances et expéditions nécessaires pour étudier le pays, et s'y établir assez solidement pour pouvoir protéger les travaux futurs. Le colonel Borgnis-Desbordes, prit la direction des opérations dans le Haut-Fleuve. Après des difficultés de tous genres, et trois campagnes successives, il parvint le 1er février 1883 jusqu'à *Bamakou*, sur le Niger, à 1,600 kilomètres de Saint-Louis, où il construisit un fort. En chemin, il avait créé de nombreux postes et négocié avec des chefs noirs des traités de protectorat ou de concession.

En 1881, on avait pu commencer les travaux de cette section Médine-Bamakou ; malheureusement, en 1884, un vote de la Chambre des Députés fit arrêter la construction de la voie. On était à ce moment non loin de Bafoulabé.

« Il est cependant indispensable de créer une route assurant d'une façon rapide et économique les transports de Saint-Louis au Niger. Le tracé est déjà jalonné et protégé par les postes fortifiés établis par le colonel Borgnis-Desbordes et ses compagnons au prix de fatigues inouïes et de beaucoup d'argent dépensé. Il y a là un capital que nous ne devons pas abandonner. Reprendra-t-on l'entreprise ajournée du chemin de fer de Médine au Niger..... ou se contentera-t-on d'une simple route carrossable? Le choix entre ces solutions résultera des études plus complètes à faire, des régions à traverser et surtout des crédits dont on disposera ; mais une fois la solution adoptée, elle devra être poursuivie avec persévérance. Le but vaut qu'on fasse tout pour l'atteindre. » Ainsi parle le général Faidherbe. Puisse sa voix autorisée être écoutée.

On n'en continua pas moins l'œuvre commencée dans le Haut-Fleuve. Il fallut encore lutter contre le prophète Samory, un ennemi d'ancienne date qui avait été battu par nos troupes lors de la première expédition de Borgnis-Desbordes, mais qui, ayant repris courage, était revenu à la charge. Au mois de juin 1885 le commandant Combes lui infligea une sérieuse défaite ; l'année suivante cependant les Français le trouvèrent encore sur leur chemin, mais cette fois son armée complètement mise en déroute, s'est enfuie vers le sud. On a construit le poste de *Niagassola*, qui d'une part nous rapproche du pays aurifère de Bouré avec lequel le commandant Combes a conclu un traité de protectorat, et d'autre part protègerait Kita dans le cas où Samory ramènerait dans ces régions ses hordes de fanatiques.

On a construit d'autres postes encore, notamment celui de *Koundou* entre Kita et Bamakou ; de plus on a jeté des ponts sur divers cours d'eau, et depuis quelque temps deux canonnières démontables naviguent sur le Niger.

A l'heure actuelle, — sauf deux petites interruptions, la Guinée portugaise et les Possessions anglaises dans la vallée de la Gambie, — le drapeau français flotte depuis le Cap Blanc au Nord, jusqu'à Sierra Leone au Sud. A l'Ouest, l'Atlantique sert de frontière naturelle ; à l'Est, il n'y a pas de limites fixes, mais notre influence s'étend depuis la mer jusqu'au Niger. La grande voie commerciale de Saint-Louis à Bamakou, protégée par treize postes, est entre nos mains.

Les villes principales, *St-Louis*, *Gorée-Dakar* et *Rufisque* ont un conseil municipal. La Colonie possède un Conseil général ; elle est représentée au Parlement par un député.

Les principales exportations du Sénégal sont les gommes, les arachides qui fournissent une huile excellente, le caoutchouc, le café, le sésame, les bois de teinture et d'ébénisterie, les plumes d'autruche, l'ivoire, les peaux de crocodiles, etc.

Dans toute la vallée du Sénégal, le coton pousse ; on y trouve l'or, et le fer est abondant. Dans certaines régions, le mercure, l'argent et le cuivre ont été signalés.

En somme, notre riche et belle Colonie du Sénégal, si longtemps décriée, est pleine d'avenir. A l'heure présente elle est en bonne voie de progrès ; son commerce, qui en 1854 n'atteignait pas 20 millions, en dépasse aujourd'hui 50. Nous n'avons qu'à marcher. Rappelons-nous que l'esprit d'entreprise est l'un des grands facteurs de la fortune et de la virilité d'un peuple.

L'ALGÉRIE et la TUNISIE

L'ALGÉRIE

Dès le commencement du XVIe siècle, les Français possédaient des comptoirs sur la côte algérienne, pour la pêche du corail. Maintes fois ces comptoirs, pour lesquels nous payions un tribut annuel au Gouvernement turc, avaient été pillés; des difficultés survinrent au sujet des paiements, et le Dey d'Alger ayant à ce propos insulté publiquement notre Consul et refusé les réparations exigées, la France lui déclara la guerre.

Une flotte sous le commandement de l'amiral Duperré débarqua à Sidi-Ferruch, le 14 juin 1830, et trois semaines plus tard Alger était à nous. Mais notre établissement dans le pays a été long, difficile, laborieux. Pendant plus de 25 ans on guerroya, et jusqu'en 1857, où la Kabylie fut définitivement soumise, notre histoire en Algérie n'est qu'une suite d'expéditions et de guerres sans cesse renaissantes.

La résistance fut organisée dès 1831, par l'Emir Abd-el-Kader, et ce fils de marabout, qui se disait descendant du Prophète, était un adversaire redoutable. Brave guerrier, diplomate habile, éloquent, instruit, ambitieux, il avait sur les Arabes un ascendant immense. Après des fortunes diverses il fut battu en 1836 par le général Bugeaud, et l'année suivante il signa le traité de la Tafna, conclu imprudemment, car il ne nous laissa guère que le littoral de l'Algérie, tandis que l'intérieur dans les provinces d'Oran et d'Alger fut cédé à l'Emir.

Cette même année 1837, nous nous rendîmes maîtres de Constantine.

Abd-el-Kader cependant s'organise de nouveau : il crée des arsenaux, fortifie des places, discipline son armée et, au mois de novembre 1839, lorsqu'il se croit assez fort pour briser le traité de la Tafna, il tombe sur les Français à l'improviste, les bat et vient camper aux portes mêmes d'Alger.

Vers ce moment, le général Bugeaud est nommé Gouverneur général, et avec lui notre système de défense change. Il inquiète l'ennemi par des razzias incessantes, organise de grandes expéditions contre l'Emir dont il détruit le prestige par ses succès repétés, marche contre les places fortes du *Tell, dont il se rend maître*, et oblige Abd-el-Kader à se réfugier auprès de l'Empereur du Maroc.

Celui-ci, séduit par son hôte, prend fait et cause pour lui, met sur pied une armée et attaque les Français, mais se fait battre par Bugeaud à la bataille de l'*Isly* (août 1844), tandis que les ports de Tanger et de Maroc sont bombardés. Il est obligé d'abandonner Abd-el-Kader et de signer le traité de Tanger.

Abd-el-Kader lutte pendant quelque temps encore, puis, le 23 décembre 1847 il s'avoue vaincu et se rend au colonel Lamoricière.

Les années suivantes notre conquête s'étend, on prend Zaatcha, Laghouat, Tougourt. En 1856 on entreprend l'expédition de *la Kabylie, qui est soumise au mois de juin 1859*. Alors seulement l'Algérie peut être considérée comme complètement conquise.

Il y a eu, depuis, plusieurs insurrections il est vrai: la plus sérieuse a été celle du chef Kabyle Mokrani en 1871, mais chacune d'elles n'a fait que consolider notre puissance.

Ce que la France a accompli en Algérie depuis une trentaine d'années est merveilleux, et peut-être unique dans l'histoire de la colonisation. Nous y avons introduit notre langue et nos idées, nous avons organisé la justice, fondé des écoles ; le pays est sillonné de routes et de chemins de fer, il possède des réseaux télégraphiques ; dans ses villes nombreuses et florissantes nous trouvons toutes les commodités, tous les agréments de la mère-Patrie, si bien qu'aujourd'hui l'Algérie n'est plus une Colonie, mais un groupe de départements complémentaires, une véritable région africaine de la France.

Les étrangers apprécient peut-être mieux que nous-mêmes l'importance de l'œuvre accomplie par la France en Algérie. Rholfs, l'explorateur allemand, après avoir parlé avec admiration « des prodigieux travaux exécutés par les Français en

Algérie, » ajoute : « Je crois avoir démontré, par des preuves irrécusables, que sous le rapport de la colonisation la France n'a rien à envier aux nations les plus privilégiées, et que l'œuvre accomplie en Algérie n'a été surpassée nulle part et que très rarement égalée. »

Un voyageur Ecossais, Grant Allen, déclare que pour l'énergie, pour la patience, pour le talent organisateur, il n'y a pas de colonie britannique qui puisse montrer rien d'analogue à ce qu'on admire en Algérie.... « Il n'y a pas à ma connaissance, dans une seule colonie anglaise, dit-il, une ville qui ressemble autant à la mère-Patrie qu'Alger, avec ses majestueux boulevards et ses boutiques splendides, ressemble à Marseille. A vrai dire, l'Algérie toute entière peut être réellement considérée comme formant trois départements français qu'un accident sépare du reste de la République par la largeur de la Méditerranée ; et la Tunisie est en train de prendre le même aspect. »

Les ressources naturelles du pays sont considérables. Partout où le sol peut être arrosé, il est d'une grande fécondité. La culture par excellence est celle des *céréales*. Depuis quelques années, la culture de la *vigne* a pris une grande extension. Les oliviers y prospèrent et fournissent par an de 300 à 400 mille hectolitres d'huile ; le *tabac* est cultivé en grand. La *culture maraîchère* a pris une grande importance, et aujourd'hui les primeurs d'Algérie se vendent sur tous les marchés d'Europe ; on exporte également beaucoup de *fruits*, tels que bananes, figues, amandes, oranges, etc. L'*alfa* qui sert surtout à la fabrication du papier-peint vient sur les Hauts-Plateaux et donne lieu à d'importantes exploitations. De beaux pâturages permettent l'*élevage* d'un grand nombre de bestiaux de toutes races. Les *forêts* algériennes fournissent du bois de construction, d'ébénisterie et de chauffage. Le chêne-liège très abondant est l'objet d'exploitations lucratives. Le sol contient du *fer* en quantité, du plomb, du cuivre, du zinc et de l'antimoine. On y trouve du mercure aussi, et les sources thermales sont abondantes. De plus, l'Algérie possède des marbres de toutes sortes.

En somme, ce superbe pays, dont la superficie égale celle de la France, de la Belgique, la Hollande et la Suisse réunies, est notre plus belle conquête du XIX° siècle, et sera dans l'avenir une de nos plus précieuses ressources.

LA TUNISIE

La Tunisie, qui n'est qu'un prolongement de l'Algérie, est sous le protectorat effectif de la France depuis 1881, mais nos rapports avec ce pays datent de loin. Au XVII° siècle déjà on compte plusieurs traités conclus entre la France et la Tunisie; notre marine eut souvent l'occasion d'intervenir sur la côte tunisienne, et au commencement de notre siècle, le 23 février 1802, un traité fut signé dans lequel il est dit : « La nation française sera maintenue dans la jouissance des priviléges et exemptions dont elle jouissait avant la guerre, et, comme étant la plus distinguée et la plus utile des autres nations établies à Tunis, elle sera aussi la plus favorisée. » Notre installation dans le pays a donc été progressive, et notre rôle de protecteur bien préparé.

Malgré les incursions des Kroumirs, tribus belliqueuses et pillardes qui venaient ravager nos frontières algériennes de l'Est, nous restâmes en parfaite intelligence avec le Gouvernement du Bey jusque vers 1881. En février de cette année, les attaques des Kroumirs se renouvelèrent, et cette fois les ministres du Bey refusèrent les satisfactions demandées. Une seconde incursion eut lieu le 31 mars, et immédiatement, le lendemain, nos troupes reçurent l'ordre d'entrer en campagne. Elles parcoururent le pays sans résistance sérieuse, et dans les premiers jours de mai, arrivèrent aux portes de Tunis. Pendant ce temps, M. Roustan, notre Consul général, dont le nom restera attaché à l'histoire de la Tunisie, avait conduit les affaires avec une habileté telle que, non seulement le Bey ne nous déclara pas la guerre, mais que les réguliers tunisiens coopérèrent avec nos troupes ; grâce à lui, il n'y eût dans Tunis aucun mouvement de révolte, et le 12 mai, le Bey signait le traité du *Bardo* par lequel il acceptait le Protectorat de la France. La Porte protesta inutilement contre cet arrangement, mais les principaux Etats de l'Europe reconnurent notre Protectorat.

Cette heureuse Colonie, dont l'enfance n'a pas été entravée par les bouleversements de la guerre, grandit et prospère si bien qu'aujourd'hui, après huit années d'annexion, elle se suffit à elle-même, excepté pour l'entretien du corps d'occupation, dont les frais sont à notre charge. Service des Ponts et chaussées, des Forêts, de l'Instruction publique, des Finances, de la Police, de la Justice, tout cela est au compte de la Régence. Il faut dire que M. Cambon, notre premier Résident général, était un administrateur aussi habile que M. Roustan avait été fin diplomate.

Au point de vue du climat et de la richesse du sol, la Tunisie est encore plus privilégiée que l'Algérie. La température y est plus régulière et plus douce, et les pluies abondantes. Où la terre est arrosée, elle produit d'une façon merveilleuse tout ce qu'on lui demande, *céréales, pâturages, vignes, fruits* les plus variés ; les *olives* donnent une huile de première qualité ; les *forêts* dont l'exploitation a déjà été commencée sont superbes. Dans le sud on voit des montagnes couvertes d'*alfa*, supérieur en qualité à celui de l'Algérie ; les *marbres* sont abondants, et certaines régions fournissent une *argile* qui sert à fabriquer soit des briques, soit des poteries. En fait de métaux on exploite le *fer* et le *plomb*. Autrefois on exploitait l'or. La côte tunisienne fournit de fort beau *corail* et des *éponges* en abondance. La pêche de certains poissons tels que *thon, sardines*, etc., est assez lucrative.

Cette riche et précieuse Colonie si paisiblement annexée, est le complément naturel, nécessaire de l'Algérie dont elle consolide la puissance.

Leur ensemble forme une des plus admirables dépendances qui soient au monde.

A tous ceux qui ont travaillé à l'acquisition de ces Colonies, de quelque façon que ce soit, comme soldat, comme diplomate ou comme administrateur, la France doit de la reconnaissance, car acquérir des Colonies, qu'elles soient de peuplement (Algérie, Madagascar, Nouvelle-Calédonie, Tahiti), qu'elles soient d'exploitation (Sénégal, Guyane, Indo-Chine), c'est créer un mouvement qui doit avoir action tôt ou tard sur la production de la France en richesses, en hommes et, s'il est permis d'ainsi parler, en caractères. En effet, l'esprit d'entreprise, d'aventure même, est l'un des grands facteurs de la fortune et de la virilité d'un peuple. « L'homme qui a risqué sa fortune, sa santé, sa vie dans les entreprises coloniales [*], rapporte dans la mère-Patrie une somme d'énergie qu'il communique en quelque sorte autour de lui. Les risques de toute sorte ne l'effrayent plus, et il enseigne aux autres le mépris : il raille leur indolence. « Qui ne risque rien n'a rien » est une belle maxime trop oubliée et qu'il sait faire revivre. Il entraîne et suscite à son tour des imitateurs, des collaborateurs, des remplaçants. Et le grand amour de la Patrie qu'inspirent les longues et lointaines absences combat les scepticismes cosmopolites, où se laissent trop souvent aller ceux qui n'ont pas quitté le sol natal. Il a du reste appris par expérience que non-seulement la richesse et la force mais l'hon-

---

[*] *Préface de* l'ATLAS COLONIAL.

neur de la Patrie sont des éléments de la réussite commerciale elle-même ; que les nations qui supportent trop longtemps leur défaite, que celles surtout qui paraissent accepter un démembrement, font rejaillir sur leurs nationaux le dédain qu'elles inspirent.

Voilà les résultats de l'esprit colonisateur tel que nous le comprenons, tel que nous voudrions le voir grandir dans notre pays ».

TABLE DES MATIÈRES

	Pages.
Préface	7
Le Canada	9
Saint-Pierre et Miquelon	39
La Guadeloupe	43
La Martinique	50
La Guyane	56
Océanie : *Tahiti, Moorea, Iles sous le Vent, îles Marquises, archipels Tuamotu et Gambier, archipel Tubuaï et île Rapa, îles Wallis*	68
Nouvelle-Calédonie et Nouvelles-Hébrides	79
Ile de Pâques	85
Rocher Clipperton	87
L'Inde	88
L'Indo-Chine : *La Cochinchine, le Cambodge, le Tonkin et l'Annam*	129
Obock et Cheïck-Saïd	171
Ile de la Réunion et île de France	174
Iles Kerguelen, îles Saint-Paul et Amsterdam	180
Madagascar	182
Iles Voisines de Madagascar : *Sainte-Marie de Madagascar, Nossi-Bé, Mayotte, les Comores, les Séchelles, les Glorieuses et les Aldabrah*	202
Gabon-Congo	208
Guinée	214
L'Algérie et la Tunisie	227

Bergerac. — Imp. et Stéréotypie BOISSERIE FRÈRES.

PETITE BIBLIOTHÈQUE POPULAIRE
D'HISTOIRE ET DE GÉOGRAPHIE

NOTRE PLAN

Il n'est pas excessif de dire que nous assistons à une véritable rénovation des études historiques. Les méthodes de travail se sont modifiées, les sciences auxiliaires ont accru leur domaine, la critique est devenue plus sévère, l'étude patiente des sources originales et l'interprétation des documents authentiques ont pris la place des généralisations fantaisistes. On a compris, en un mot, que l'histoire n'est pas une branche de la littérature, et que, si elle gagne à être bien écrite, elle ne doit pas sacrifier aux agréments de la narration le souci de l'exactitude.

En même temps que cette modification se produisait dans les méthodes, une science nouvelle, la sociologie, empruntait à l'anthropologie et à l'Histoire ses bases constitutives. La recherche des lois qui régissent le développement des sociétés devait nécessairement entraîner un élargissement du domaine dans lequel la plupart des historiens s'étaient auparavant confinés. A côté des faits d'ordre politique ou militaire, on s'est donc occupé du droit et des institutions, du développement intellectuel, des mœurs et des coutumes, des croyances religieuses ; on a interrogé l'ethnographie et l'archéologie préhistorique sur les origines de l'humanité ; on a vu enfin que l'Histoire ne mérite ce nom qu'autant qu'elle embrasse l'évolution même de la civilisation.

La Géographie, comme l'Histoire, dont elle est l'introduction nécessaire, a été elle aussi complètement renouvelée. Elle a cessé d'être une nomenclature aride et sans intérêt pour devenir l'inventaire raisonné de la planète considérée en elle-même et dans ses rapports avec les faits dont elle est le théâtre ou la cause directe. Sans se confondre avec l'histoire naturelle, avec l'ethnographie, avec l'économie politique, etc., elle a dû se préoccuper de la répartition des produits naturels, de la distribution des races, des causes qui influent sur le développement économique des peuples, et ainsi comprise, elle a apporté à l'Histoire un inappréciable appui.

Cette rénovation des études géographiques et historiques a eu déjà son contre-coup sur les méthodes d'enseignement, mais il ne nous semble pas qu'il en ait été tenu suffisamment compte dans les ouvrages de vulgarisation qui, le plus souvent, il faut bien le dire, sont des articles de commerce plutôt que des livres sincèrement destinés à répandre de saines connaissances. La collection que nous inaugurons aujourd'hui prétend vulgariser consciencieusement les résultats des études géographiques et historiques. Elle contiendra l'exposé des phénomènes géographiques, la monographie des grands fleuves et des grands systèmes montagneux, la description physique et économique des principales régions du globe, l'étude des races humaines, la biographie des voyageurs comprenant autant que possible les passages les plus caractéristiques de leurs relations originales. Dans l'ordre historique, notre collection consacrera des volumes spéciaux aux grandes périodes qui constituent les phases saillantes de l'évolution humaine, comme la Réforme ; elle comportera des biographies nombreuses ; on y trouvera l'histoire de chaque Etat pris isolément. Une part très large sera faite à l'histoire contemporaine qui, dans les livres d'enseignement ou de vulgarisation, est généralement sacrifiée. C'est ainsi que nous donnerons, en un volume, l'histoire des Etats allemands depuis leurs origines jusqu'en 1870, et qu'un autre volume sera entièrement con-

PLAN DE LA BIBLIOTHÈQUE (Suite)

sacré à l'histoire tout à fait contemporaine de l'Allemagne. Nous avons pensé en effet que, pour être bien comprise, l'histoire de notre temps, celle qui se fait sous nos yeux, doit être racontée avec un luxe de détails qui n'est pas indispensable lorsqu'il s'agit de périodes closes, susceptibles d'être jugées dans leur ensemble.

Les volumes relatifs à la géographie de la France seront rédigés d'après un plan entièrement nouveau. Nous n'avons pas besoin de dire que notre pays sera l'objet, dans cette collection, d'une étude absolument approfondie.

Les publications à bon marché répondent à un besoin de notre époque, car l'instruction, répandue à flots, a généralisé le goût de la lecture. Il n'y a, selon nous, rien de plus utile, rien de plus moralisateur que de mettre chacun à même de connaître le monde qu'il habite et de puiser dans le passé d'efficaces conseils pour l'avenir.

SÉRIE DE VOLUMES SOUS PRESSE :

Causeries Géographiques, par L. de CAMPOU.
Pierre Bayle, par LENIENT.
La Corse, par J. ESCARD.
Les Espagnols au Maroc, par Germond de LAVIGNE.
Les Fêtes Populaires d'autrefois, par Mario GUÉCHOT.
Madame Roland, par Alcide BÉTRINE.
Orateurs et Publicistes de la Révolution française, par Alfred SIRVEN.
La Question d'Irlande, par Maxime PETIT.
La Révolution française et la Colonisation, par ISAAC.
Le Tonkin, par MILLOT.
Le Tour du Monde en quelques heures, D. KALTBRUNNER.
Le Transcanadien, par Lionel RADIGUET.

VOLUMES PUBLIÉS :

Comment périssent les Républiques, par DE FONVIELLE.
En Algérie, par Camille VIRÉ.
En Océanie, par Aylic MARIN (illustr. par A. de BAR.)
Vie du général Hoche, par DUTEMPLE et LAUNAY.

EN VENTE A LA MÊME LIBRAIRIE :

Petit ATLAS COLONIAL, Édᵒⁿ populaire, 1 fr. 75 ; classique, 2 fr. 25.
Géographie populaire par l'image. La feuille, 10 centimes. Succès.
Tableaux géographiques de la France, Prix, 75 c., par poste, 85 c.
La Géographie,

Bergera

Bert, Paul - Clayton, A.
Les Colonies françaises

www.ingramcontent.com/pod-product-compliance
Lightning Source LLC
Chambersburg PA
CBHW071936160426
43198CB00011B/1424